IL mio libro
Editore
Dicembre 2022

INDICE

INTRODUZIONE

INTRODUZIONE

Il saggio si colloca nell'ambito dei metodi matematici applicati all'Epidemiologia, indirizzata nella scelta dell'argomento dal recente scoppio di una pandemia globale, il focus è la trattazione di modelli matematici per la trasmissione delle malattie infettive.

Le pandemie non si limitano a scandire la storia, la plasmano e la contagiano; hanno un impatto sulla vita degli uomini comparabile a quello delle rivoluzioni, guerre e crisi economiche[1].

Alla fine del 2019 a Whuan, nella provincia cinese di Hubei, viene registrato un focolaio di polmonite la cui eziologia era sconosciuta. In breve tempo, a seguito di ricerche e analisi, viene identificata la causa della malattia: un nuovo Coronavirus che l'Organizzazione Mondiale di Sanità denomina SARS-CoV-2, acronimo di Severe Acute Respiratory Syndrome Coronavirus 2, in cui 2 indica la stretta parentela con il virus causa della SARS che contagiò circa

---

[1] Anna Meldolesi, "L'umanità convive da sempre con le epidemie. Ecco come proteggersi", *Corriere della sera,* 13 marzo, 2020.

8000 persone tra il 2002 e il 2004. Dopo una rapida diffusione del virus nella regione cinese, intorno al 20 gennaio 2020 la città di Wuhan viene isolata ma, nonostante le misure preventive, il virus continua a diffondersi nel resto della Cina e poi in ogni regione del mondo.

L'OMS l'11 marzo 2020 dichiara che il COVID-19 rappresenta una pandemia mondiale.

Il termine "epidemia" deriva dal greco e significa "sulla popolazione", sta ad indicare il verificarsi di una malattia che colpisce un certo numero di individui, chiamati anche casi, in un certo senso superiore a quello che si sarebbe aspettato, può verificarsi in un certo intervallo temporale, colpire una determinata popolazione oppure un'intera area geografica. Se l'area colpita è particolarmente estesa si parla anche di "pandemia".

Formulare un modello matematico nello studio di una malattia è utile a chiarificare le ipotesi, le variabili ed i parametri in gioco. I modelli, inoltre, sono in grado di proporre parametri significativi per l'analisi e la classificazioni delle malattie, la comprensione delle caratteristiche di trasmissione di malattie infettive può essere utile per delineare le strategie migliori per arginarne la trasmissione.

I modelli matematici possono dunque essere usati per pianificare, implementare e ottimizzare i programmi di individuazione, prevenzione, terapia e controllo.

Una importante distinzione, che si ripercuote in maniera diretta nella struttura del modello matematico, è quella tra epidemia ed endemia. La prima è una malattia infettiva estremamente localizzata nel tempo, l'espansione del morbo è tanto rapida da rendere trascurabili le nascite e le morti degli individui della popolazione oggetto dello studio. L'endemia, al contrario, è una malattia che permane su tempi lunghi e che necessita, nella sua modellizzazione matematica, di termini di nascita e di morte.

Dal punto di vista storico il primo modello matematico in Epidemiologia fu formulato da Daniel Bernoulli, matematico e fisico svizzero, nel 1760 e mirava a supportare la vaccinazione contro il vaiolo. La vera diffusione di modelli epidemiologici avvenne intorno al ventesimo secolo, dapprima con i modelli a tempo discreto di Hamer e Ross e successivamente con il primo modello di tipo differenziale proposto da Kermack e McKendrick, anche noto come modello SIR, utile a presentare e spiegare, secondo un formale modello matematico, la rapida crescita e la successiva decrescita degli individui infetti osservate in alcune epidemie come la peste e il colera.

La diffusione di malattie infettive è un'emergenza sempre attuale da fronteggiare con tutte le risorse possibili. I modelli matematici rappresentano uno strumento importante in quanto sono in grado di fornire previsioni sullo sviluppo del contagio e indicazioni circa le strategie di intervento.

La modellizzazione oggi è di supporto alle decisioni delle autorità sanitarie di malattie tradizionali ed endemiche come il morbillo e le influenze stagionali, di nuove malattie e di infezioni riemergenti come l'AIDS e l'Ebola.

I modelli matematici sono di tipo deterministico, se le grandezze esaminate sono determinate in ogni istante successivo all'origine della malattia, oppure di tipo probabilistico, più realistici in quanto nei casi pratici è impossibile determinare con certezza ogni variabile, nel processo di formalizzazione viene introdotta la probabilità che le grandezze assumano determinati valori in un certo istante.

Solitamente vengono esaminati modelli deterministici, in quanto, sebbene i modelli probabilistici siano più realistici, essi non contribuiscono a presentare e spiegare la dinamica delle malattie e possono comunque essere ben approssimati da quelli deterministici per una popolazione sufficientemente grande.

Tutti i modelli matematici sono strumenti utili per comprendere dati e valori osservati utilizzando rigore scientifico.

Per definizione, i modelli sono delle semplificazioni di fenomeni molto complessi e possono aiutare enormemente la nostra comprensione dei meccanismi di diffusione delle malattie all'interno di una popolazione.

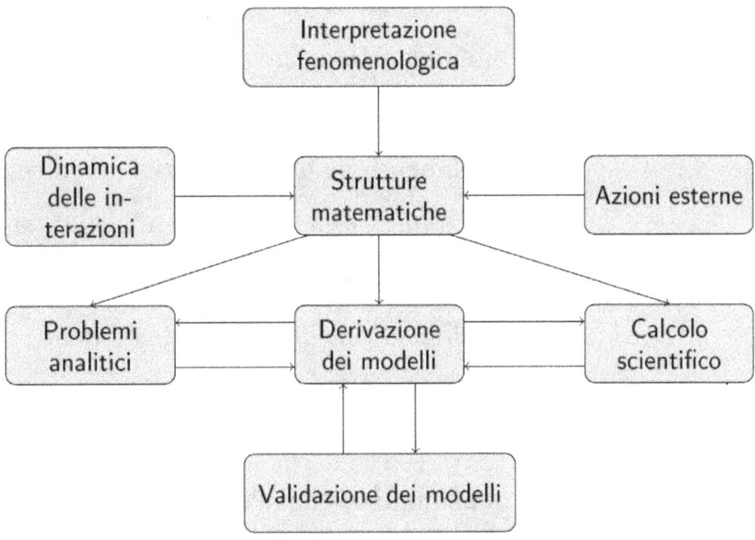

Figura 1. Schema a blocchi della costruzione di un modello matematico, Scienza in Rete, Nicola Bellomo e Pietro Terna, 9 ottobre 2020.

Capitolo 1   EPIDEMIOLOGIA

Dal punto di vista etimologico, epidemiologia è una parola composita (epi-demio-logos) di origine greca, che letteralmente significa «discorso riguardo alla popolazione». Lo studio delle malattie può avvenire in 4 diversi contesti o dimensioni:

- La dimensione *molecolare*, utilizzata dalla biologia molecolare   biochimica e immunologia.

- La dimensione *tissutale* (ossia dei tessuti) e *organica* (ossia degli organi), utilizzata dalla anatomia patologica.

- La dimensione del *singolo individuo*, utilizzata dalla medicina clinica.

- La dimensione della *popolazione,* che è quella utilizzata dall'epidemiologia[2].

L'epidemiologia è la disciplina biomedica che studia la distribuzione e la frequenza con cui si manifestano le malattie, le condizioni che favoriscono o ostacolano il loro sviluppo, i fattori di rischio e protettivi ad esse correlati. Un

---

[2] Prof. Ezio Bottarelli *"Epidemiologia: qualche definizione"*, Quaderno di Epidemiologia, 26 Ottobre 2020.

tempo riservata alle indagini sulle malattie infettive, oggi l'epidemiologia è una scienza trasversale in quanto interessa tutti i settori della medicina.

Le domande a cui l'epidemiologia cerca di fornire una riposta sono:

- - La *frequenza* di una determinata malattia, ossia quanti individui si ammalano e quando la malattia compare.
- - La *distribuzione* geografica della malattia.
- - I *fattori* che la determinano e in che misura incidono sulla probabilità di sviluppare la malattia.

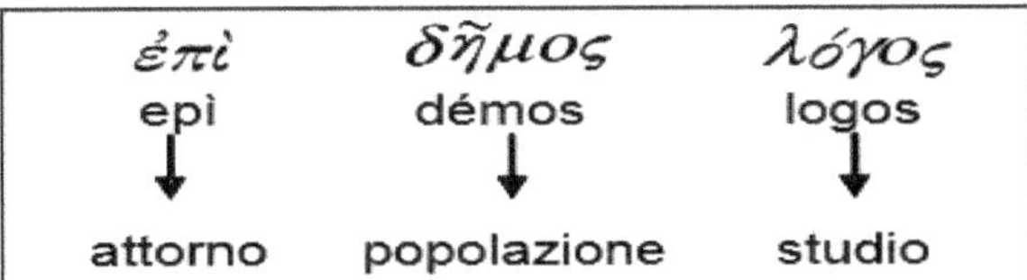

Figura 2. Etimologia della parola "epidemiologia" dal greco.

1.1 Storia ed evoluzione dell'epidemiologia

La storia dell'epidemiologia è la storia del complesso rapporto tra le malattie e popolazioni. L'epidemiologia moderna, che prende avvio negli anni trenta dell'Ottocento, viene convenzionalmente fatta coincidere con la fondazione della London Epidemiological Society nel 1850.

Nella sua storia ed evoluzione si intrecciano conoscenze, metodi, urgenze e interessi provenienti dalle scienze umane e naturali. Nella sua evoluzione si evidenzia lo scopo preciso di individuare i fattori di rischio delle malattie al fine di migliorare la salute delle popolazioni per mezzo della prevenzione.

Intorno al Cinquecento il fisico e poeta Girolamo Fracastoro propose un abbozzo della teoria scientifica dei microrganismi come agenti di malattia. Fracastoro raccolse la sua visione sulle epidemie nell'opera *"De Contagione et Contagionis Morbis,* affermando che ogni malattia è provocata da un diverso tipo di corpuscolo in grado di moltiplicarsi velocemente e di trasmettersi dagli ammalati ai sani per contatto diretto, indiretto attraverso i materiali e attraverso l'aria. Nonostante la teoria di Fracastoro fu molto apprezzata, venne presto offuscata dalle dottrine mistiche del tempo.

Durante le spaventose epidemie di peste che colpirono l'Europa nella seconda metà del Trecento e che portarono alla morte circa un quarto dell'intera popolazione, si cominciò a tener conto delle persone infettate e morte ogni settimana, stilando una sorta di periodico bollettino, fu però solo tre secoli più tardi che, per merito di John Graunt che prese corpo l'idea dell'utilità di disporre di statistiche epidemiologiche. Grant è autore di una delle prime opere statistiche (*"Natural and political observation upon the bill of mortality"*), in cui i dati dei certificati di morte vengono riassunti sotto forma di tavole, percentuali e probabilità.

Nel 1714 compare in Inghilterra la peste bovina, il medico Thomas Bates escogitò una strategia di lotta alla diffusione della malattia che, nella sostanza, può considerarsi ancora attuale: isolamento degli animali infetti, fumigazione dei ricoveri, riposo dei pascoli contaminati.

Tuttavia il primo studio di epidemiologia si deve al chirurgo inglese Percival Pott, noto per i suoi studi sulla tubercolosi, che nel 1775 indagò circa l'alta frequenza di incidenza del cancro allo scroto negli spazzacamini. In precedenza le malattie legate alle condizioni di lavoro erano state studiate dal medico Bernardo Ramazzini e pubblicate nella sua opera fondamentale, il *"De morbis artificum diatriba"*.

Edward Jenner nella seconda metà del Settecento aveva osservato che tutti coloro che contraevano il morbo "Cow Pox", una forma di vaiolo che colpiva i bovini, risultavano successivamente immuni al vaiolo umano. Dopo oltre 20 anni di studi, nel 1796 egli inoculò a un bambino del pus prelevato da individui colpiti dal vaiolo vaccino; il paziente, al quale successivamente venne inoculato pus vaioloso umano, non contrasse la malattia. Questo rappresenta il primo caso documentato di studio epidemiologico attivo e di prevenzione attraverso immunizzazione.

Il termine odierno di "vaccino" trae origine proprio dal metodo di Jennifer e, da allora, il metodo della vaccinazione jenneriana ebbe ovunque grande diffusione.

Circa cento anni dopo i successi in campo epidemiologico di Jenner, a Londra, John Snow, in occasione di due epidemie di colera, compie studi epidemiologici rivoluzionari per quei tempi e ancor oggi attuali, tra i più importanti del passato. Snow, medico ostetrico, ottenne grande popolarità per aver per primo utilizzato l'anestesia durante gli interventi chirurgici. Egli fu pioniere nel campo delle malattie trasmissibili, i suoi studi sono universalmente riconosciuti come un classico nella storia dell'epidemiologia, per l'ingegnosità e per la modernità dell'impostazione metodologica. Dopo una violenta epidemia nel 1832, lo spettro del colera ricomparve a Londra nel 1848, provocando oltre 15000 morti.

Durante l'epidemia, Snow lavorò intensamente a raccogliere osservazioni riguardanti soprattutto le abitudini di coloro che erano stati colpiti e di quelli che erano rimasti sani, continuò la raccolta retrospettiva dei dati anche dopo l'estinzione dell'epidemia.

In base ai dati raccolti, Snow fu in grado di avanzare ipotesi per quel tempo molto innovative se non addirittura rivoluzionarie, in particolare l'idea che la malattia si doveva trasmettere attraverso qualche agente in grado di moltiplicarsi nell'individuo malato e che esso poteva essere portato attraverso qualche via, e quindi provocare malattia a distanza, ossia non era necessario avere un contatto diretto con l'ammalato. Snow anticipava così di 32 anni la scoperta del batterio agente del colera e di un decennio la dimostrazione avvenuta ad opera di Pasteur, che organismi viventi microscopici sono causa di epidemie.

Nel 1846 Peter Panum, medico danese, applica moderni principi delle malattie infettive allo studio di un violento focolaio di morbillo scoppiato nelle isole Faroe, situate tra Scozia e Islanda. Fu favorito in tale attività dall'isolamento geografico e commerciale delle isole, egli confronta la popolazione semi-immune della Danimarca e quella delle isole, individuando elementi essenziali quali la infettività dell'agente e la recettività, calcola anche il periodo di incubazione della malattia, stimato intorno ai 13 giorni. I suoi studi occupano un posto importante nella storia dell'epidemiologia.

La seconda metà del Novecento segna l'inizio della moderna epidemiologia.

Tra gli eventi importanti del settore della medicina umana, sono da ricordare la vaccinazione di massa contro la poliomielite, l'eradicazione del vaiolo e l'emergenza di nuove malattie come l'AIDS. E' soprattutto grazie all'applicazione di metodi epidemiologici che molte nuove malattie sono state studiate e tenute sotto controllo con grande tempestività. In tempi ancor più recenti è nata l'*epidemiologia molecolare* che, attraverso l'interazione con la biologia molecolare, opera soprattutto nel campo delle malattie croniche, neoplastiche e infettive; per quest'ultime identifica la sorgente degli agenti di malattia, le loro relazioni biologiche, i geni responsabili della virulenza e gli antigeni importanti per la profilassi vaccinale[3].

---

[3] Prof. Ezio Bottarelli, *"Quaderni di Epidemiologia, eventi chiave nella storia dell'epidemiologia"*,
26 ottobre, 2020.

Il concetto di *"fattore di rischio"* è molto antico, come pure quello di trasmissibilità di alcune malattie, si pensi alle norme per l'isolamento dei lebbrosi riportate nell'Antico Testamento: "Sarà impuro tutto il tempo che avrà la piaga; è impuro; se ne starà solo, abiterà fuori dal campo[4]".

Già Ippocrate raccomandava ai medici di studiare gli effetti di fattori stagionali, climatici, geografici, alimentari e idrologiche sulle condizioni di salute di diverse popolazioni.

Di epidemiologia, applicata soprattutto alla peste, si occuparono a partire dal Trecento i Magistrati della Sanità operanti nelle principali città dell'Italia centro-settentrionale. Pur non conoscendo i meccanismi di trasmissione delle malattie, essi avevano compreso l'importanza della tempestiva individuazione dei casi di infezione e del loro isolamento. L'obbligo di denunciare tutte le morte sospette sfociò nell'obbligatorietà della denuncia di tutte le morti. I registri delle morti a Milano iniziarono nel 1452, a Mantova nel 1496, a Venezia nel 1504 e, a partire dalla metà del Cinquecento, le Magistrature dei diversi stati italiani collaboravano, attraverso lo scambio di informazioni, l'emanazione di norme di prevenzione, l'adozione di strumenti comuni come i passaporti sanitari[5].

---

[4] Levitico, cap. 13, v. 46
[5] Cipolla C.M. 2Contro un nemico invisibile: epidemie e strutture sanitarie nell'Italia del Rinascimento". Il Mulino, 1985.

1.2 Metodi e strumenti per l'epidemiologia

L'epidemiologia studia gli stati di salute e di malattia nelle popolazioni, in particolare studia la distribuzione della frequenza delle malattie e dei fattori che la determinano o la influenzano, in altre parole studia il verificarsi delle malattie e degli stati o eventi ad esse connesse.

Questo insieme di definizioni può essere riferito sia all'epidemiologia come disciplina, quindi soprattutto come metodologia, sia alle applicazioni dell'epidemiologia ai diversi campi della patologia o ai fattori di rischio.

L'aspetto unitario della disciplina epidemiologica deriva dal modo in cui i problemi vengono formalizzati e dai metodi proposti e adottati. I risultati degli studi epidemiologici possono essere utilizzati nella medicina clinica, inoltre una integrazione tra i dati epidemiologici e quelli clinici e sperimentali è indispensabile per la reale comprensione di un fenomeno[6].

Gli studi epidemiologici vengono tradizionalmente suddivisi in due categorie: gli studi descrittivi e quelli analitici. La suddivisione risponde alla necessità di distinguere tra studi che cercano di fornire informazioni circa

---

[6] Miettinen O. "Internetional Advanced Course in Epidemiologic Methods". Helsinki, 24, aprile 1981.

la frequenza di un determinato evento e studi che mirano a riconoscerne le determinanti causali.

Gli *"obbiettivi"* dell'epidemiologia descrittiva sono essenzialmente la descrizione della frequenza e della distribuzione di una malattia in una popolazione, nonché la descrizione nella popolazione di particolari fattori predittivi della malattia in esame, esplorare la loro associazione a livello di gruppi e non di individui.

L' *"evento"* oggetto di studio dell'epidemiologia descrittiva può essere una malattia, un particolare clinico o una qualsiasi altra variabile di interesse sanitario. Tali eventi devono essere standardizzati e definiti in modo accurato e preciso, gli eventi e i fattori concomitanti devono essere descritti e a fondo compresi in modo da poter generare ipotesi circa le cause dell'evento stesso. La possibilità infatti di individuare in maniera univoca una corrispondenza causa-effetto dipende dalla cura posta nel definire l'evento.

I *"metodi"* utilizzati dall'epidemiologia descrittiva sono principalmente:

- l'utilizzo di dati già esistenti raccolti su base continuativa, ne sono un esempio i certificati di morte, i dati ospedalieri e le notifiche di malattie infettive.

- la pianificazione di indagini mirate per ottenere informazioni altrimenti non disponibili.

Il ragionamento epidemiologico così impostato costituisce un processo conoscitivo che, partendo da osservazioni su una popolazione nel suo insieme, arriva a formulare ipotesi iniziali che verranno poi dimostrate o confutate attraverso studi analitici.

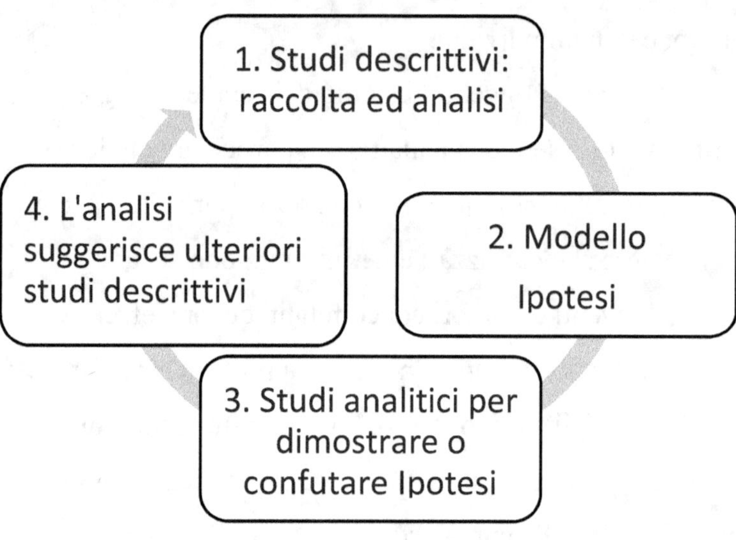

Figura 3. Ciclicità del procedimento epidemiologico.

La descrizione delle principali caratteristiche epidemiologiche di una malattia in una popolazione interessa due aspetti generali:

- *Frequenza*, espressa attraverso le misure di "prevalenza" e di "incidenza".

•   *- Distribuzione*, caratterizzando il modello in virtù di informazioni quali chi si ammala, quando si ammala e dove si ammala.

In altri termini, le principali caratteristiche di un modello epidemiologico sono le caratteristiche individuali (esistono gruppi di persone più o meno colpiti di altri), le caratteristiche temporali (esistono variazioni della frequenza di alcune malattie nel tempo), infine le caratteristiche spaziali (esistono differenze geografiche nella distribuzione della frequenza delle malattie)[7].

Gli *"strumenti"* della ricerca epidemiologica sono fondamentalmente di due tipi: studi sperimentali e studi osservazionali. La distinzione è data dal fatto che, nei primi, il ricercatore compie interventi diretti, mentre nei secondi egli si limita ad osservare.

Gli interventi effettuati per la realizzazione di studi clinici rappresenta una efficace esemplificazione degli studi sperimentali, viceversa negli studi osservazionali il ricercatore si limita ad osservare l'andamento dei fenomeni, senza in essi intervenire in alcun modo.

---

[7] L. Bisanti, M. Moro, S. Salmaso, F. Taroni, P. Comba, R. Pirastu *"Introduzione ai principi dell'epidemiologia"*, Istituto Superiore di Sanità, Roma, 1987.

Nell'ambito degli studi osservazionali si distinguono gli studi descrittivi, basati su dati preesistenti, e gli studi analitici, in cui vengono raccolti elementi di tipo diagnostico e laboratoriale che possono essere utili per meglio le caratteristiche di un dato fenomeno in studio e, nell'ambito di questo ulteriore gruppo di studi si riconoscono studi trasversali, studi caso-controllo e studi longitudinali.

Particolari studi di epidemiologia descrittiva sono invece gli studi di casistica e gli studi di correlazione, i primi sono segnalazioni dell'associazione tra un sospetto fattore eziologico ed una malattia, vanno considerati come fonti di ipotesi da confermare con successive indagini, i secondi invece consistono in indagini in cui le caratteristiche di una popolazione vengono rapportate alla frequenza con cui un evento si verifica nella stessa popolazione.

Gli studi di correlazione hanno spesso oggetto la mortalità per una certa malattia in un determinato territorio e messa in relazione con la diversa distribuzione negli stessi territori di uno o più fattori di rischio.

Occorre evidenziare come siano presenti svantaggi in relazione agli studi di correlazione, lo scarso controllo della qualità dei dati ne è un esempio, essi si basano, infatti, su statistiche correnti effettuate per altri scopi e da altri ricercatori[8].

Dal punto di vista matematico il verificarsi di un determinato evento in una popolazione può essere rappresentato sotto forma di una *proporzione,* di un *tasso* o di un *rapporto.* Il numero di eventi raramente è sufficiente a descrivere un fenomeno in una popolazione, poiché lo stesso valore può rappresentare un fenomeno di dimensioni molto diverse in relazione alla numerosità della popolazione a cui si fa riferimento.

I fenomeni sono meglio rappresentabili considerando il rapporto intercorrente tra il numero di eventi e la popolazione a cui si fa riferimento.

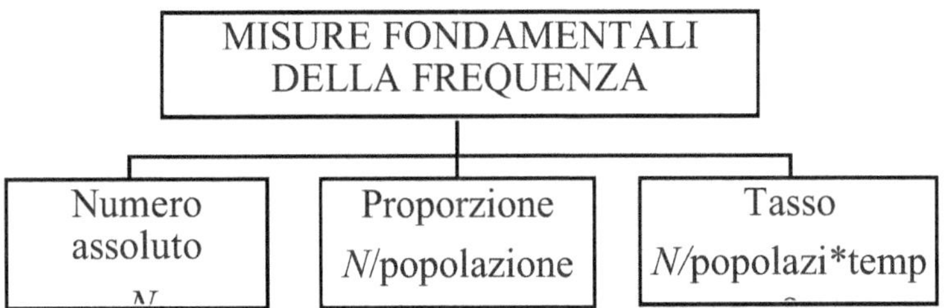

Figura 4. Misure fondamentali della frequenza degli eventi

---

[8] P. Salerno, E. Azio, D. Taruscio *"Elementi di epidemiologia e malattie rare"*, Istituto Superiore di Sanità, Roma, 2005.

Una *proporzione* è una frazione che indica la relazione quantitativa tra la parte (numeratore) e l'intero (denominatore), poiché esprimono una grandezza relativa ad un'altra le proporzioni sono adimensionali e sempre compresi tra i valori 0 e 1 e, secondo la definizione classica di probabilità, stimano la probabilità che un determinato evento si verifichi. Ad esempio se in una classe, in un certo periodo, vi sono 8 bambini con morbillo su un totale di 40 frequentanti, la proporzione di malati sarà $8/40 = 0,2$ e può essere anche letta come probabilità che in quel determinato periodo un bambino di quella classe abbia contratto il morbillo, in particolare $0,2=20\%$, ci sono circa venti possibilità su 100 che un bambino di quella classe sia assente per malattia da morbillo.

Un *tasso* misura il cambiamento istantaneo di una certa quantità in relazione alla variazione unitaria di un'altra che in genere è il tempo, il tasso misura così la variazione di una certa quantità nella variazione unitaria di tempo.

Un tasso è costituito dal numero di eventi, dalla popolazione totale di riferimento, dal tempo e da un fattore potenza di 10.

Ad esempio se in una popolazione di 500 individui, in un anno, si registrano 10 eventi di contagio da Mononucleosi, il tasso annuale dell'evento sarà:

$$\text{Tasso annuale} = \frac{10 \; \textit{eventi in un anno}}{\textit{popolazione di 400 soggetti}} \; \text{x } 100 = 0,25 \text{ \%}$$

I principali tassi utilizzati in epidemiologia, più specifici del generico tasso annuale, sono:

- *Tasso di incidenza =*

$$\frac{\textit{N. di nuovi casi in un dato periodo di tempo}}{\textit{N. persone a rischio nella stessa popolazione e periodo}}$$

- *Tasso d'attacco* =

$$\frac{\textit{N.casi epidemici durante epidemia}}{\textit{N.persone a rischio all' inizio della epidemia}}$$

- *Tasso di prevalenza =*

$$\frac{\textit{N.casi di malattia in un certo momento}}{\textit{N.di persone nella popolazione nello stesso momento}}$$

- *Tasso di letalità* =

$$\frac{\textit{N. morti per una malattia in un certo periodo}}{\textit{N. nuovi casi della malattia nello stesso periodo}}$$

- *Tasso di mortalità* =

$$\frac{\textit{N. morti per una certa malattia in un certo periodo}}{\textit{N. soggetti della stessa popolazione e periodo}}$$

I tassi così determinati possono facilmente essere raccolti e rappresentati graficamente, attraverso tabelle e diagrammi, fornendo un'agevole ed immediata lettura. Il 15 gennaio 2014 l'*ISTAT,* nell'ambito di uno studio circa la mortalità infantile entro primo anno di vita, pubblica un documento di diffusione dei dati definiti rilevati sul territorio italiano. A titolo esemplificativo viene riportata la tabella indicante il tasso di mortalità per anno[9].

Anno	<1 giorno	1-6 giorni	7-29 giorni	1-11 mesi	Totale
1931	6,5	13,1	19,3	74,1	112,9
1941	9,3	13,3	17,4	75,2	115,2
1951	9,0	10,2	10,6	36,8	66,6
1961	9,4	8,0	5,7	17,6	40,7
1971	7,6	8,4	4,5	8,0	28,5
1981	4,6	4,7	1,8	3,0	14,1
1991	2,6	2,4	1,3	1,8	8,1
2001	1,2	1,3	1,0	1,2	4,7
2011	0,8	0,9	0,7	0,9	3,3

Figura 5. Tassi di mortalità infantile per classi di età. Decessi per 1000 nati vivi.

Gli stessi dati presentati possono essere riportati e rappresentati mediante grafico lineare o grafico a barre.

Si osserva come è immediata la lettura della progressiva decrescita del tasso di mortalità.

---

[9] Statistiche "Focus Mortalità Infantile", ISTAT, 15 gennaio, 2014. http://www.istat.it

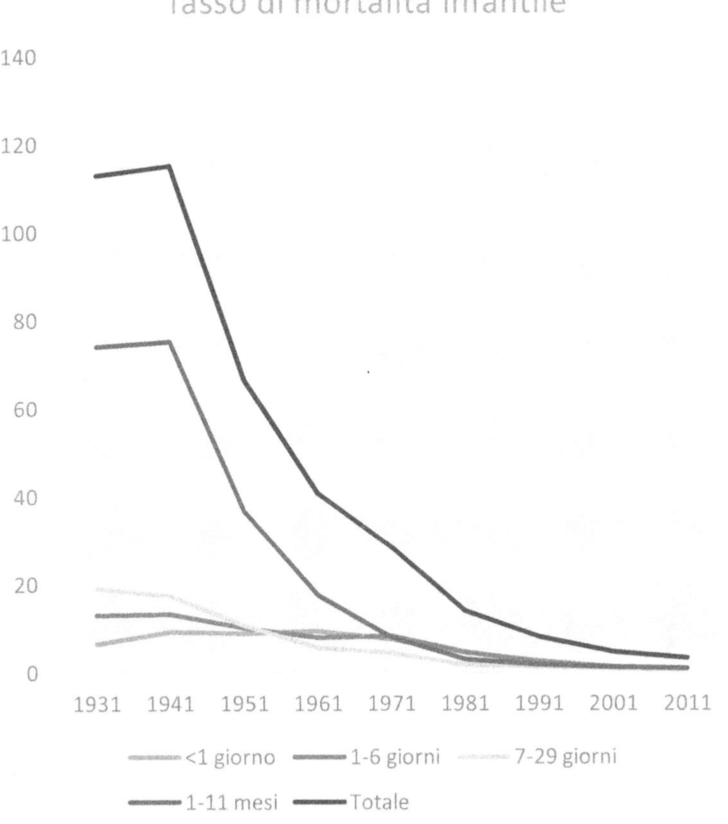

Figura 6. Grafico a linee: tassi di mortalità infantile per classi di età (decessi per 1000 nati vivi).

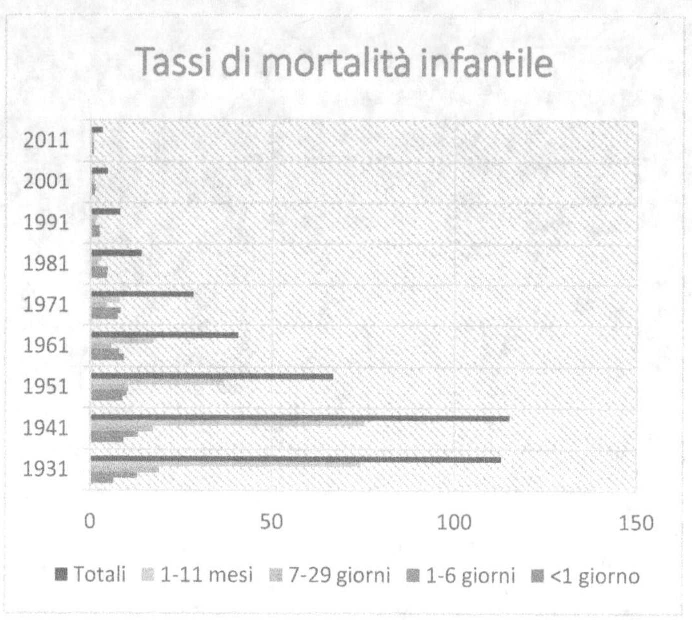

Figura 7. Grafico a barre: tassi di mortalità infantile per classi di età (decessi per 1000 nati vivi).

Qualsiasi sia l'oggetto delle analisi statistiche che vengono condotte, la qualità delle osservazioni e delle misure utilizzate resta uno dei principali determinanti della validità di una indagine. La qualità dei dati dipende dalla loro validità, ossia il grado d'accordo tra misura e valore vero del fenomeno, e dalla loro riproducibilità, il grado cioè di concordanza tra misure ripetute dello stesso fenomeno.

Nel caso di variabili quantitative si fa riferimento alla loro precisione che viene espressa quantitativamente dal coefficiente di variazione. Precisone e validità possono anche divergere notevolmente.

Validità e riproducibilità posso sempre essere promossi dalla scelta dello strumento di misurazione e dalla tecnica della rilevazione utilizzati nelle diverse indagini statistiche.

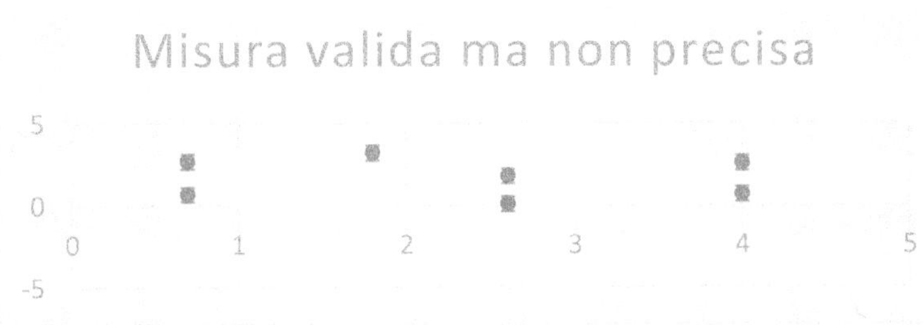

Figura 8. Misure senza distorsioni sistematiche rispetto al valore vero ma molto disperse.

Figura 9. Misure vicino al valore vero e poco disperse.

Come già detto si è soliti distinguere due tipi di indagine epidemiologia in virtù del ruolo che il ricercatore svolge. Si parla di studi longitudinali o prospettivi quando il

27

ricercatore, individuata la popolazione ed esaminata la distribuzione dei possibili fattori di rischio, verifica in un secondo momento, dopo un periodo di osservazione, la frequenza dell'insorgere della malattia nei soggetti *esposti* ai fattori di rischio con quelli *non esposti*.

A questo modello di studio si contrappone lo studio retrospettivo, detto anche caso-controllo, in cui, una volta identificati un gruppo di soggetti affetti da una certa malattia ed uno di soggetti sani, tenta, appunto a ritroso, di recuperare le informazioni relative ad una eventuale esposizione a fattori di rischio, al fine di confrontarne le frequenze.

Negli studi prospettici dunque la popolazione in studio viene una volta per delimitare i soggetti esposti ai fattori di rischio ed una volta per determinarne la frequenza di malattia negli esposti e non esposti. Mentre per gli studi retrospettivi si accerta dapprima lo stato di malattia e solo successivamente si definisce la condizione di esposto o non esposto, così la definizione di esposto è solo successiva a quella di malato.

Ruolo determinante nelle indagini statistiche in epidemiologia è dunque la scelta del *momento*. Idealmente, in ambito epidemiologico, uno studio dovrebbe essere condotto in tempi brevi, in modo da fornire un'immagine istantanea della popolazione, mentre in pratica l'indagine possono avvenire nell'arco di giorni mesi o addirittura anni in relazione alle dimensioni della popolazione e all'organizzazione dello studio.

È importante scegliere un periodo di massima stabilità della popolazione, ad esempio è sempre meglio evitare il periodo estivo, generalmente caratterizzato da una notevole mobilità della popolazione.

Per evitare distorsione nello studio, inoltre, la raccolta dei dati sull'esposizione, sullo stato di salute e su tutte le altre variabili deve essere condotta in modo accurato, e diversi problemi connessi con la possibilità di ottenere informazioni adeguate devono essere prese in esame.

Nell'affrontare le questioni legate alle dimensioni numeriche di uno studio, ha a che fare con il significato statistico dei risultati. In altre parole, se lo studio non presenta distorsioni, un aumento della numerosità dei soggetti non solo non cambia la stima puntuale dei parametri, ma può consentire di trarre conclusioni con un minor margine di errore.

L'obbiettivo di uno studio statistico in epidemiologia è di ottenere misure di frequenza (prevalenza o incidenza) o di appurare una associazione tra un fattore di rischio ed una malattia.

Le misure di frequenza e di associazione così ottenute sono caratterizzate da precisione e accuratezza.

Per precisione si intende la relativa assenza di errore casuale, espressa come il grado di dispersione delle misure effettuate intorno al loro valore vero ed è determinata principalmente dalla variabilità del fenomeno.

Negli studi di gruppi di popolazione la precisione del risultato è data soprattutto dalle dimensioni del campione incluso nello studio.

In termini matematico-statistici, la precisione di una certa misura viene indicata dall'ampiezza di confidenza associata al valore ottenuto. Tale intervallo esprime il nostro grado di incertezza, ossia la serie di valori con i quali ad un certo livello di probabilità è compatibile il singolo risultato ottenuto[10].

---

[10] L. Bisanti, M. Moro, S. Salmaso, F. Taroni, P. Comba, R. Pirastu *"Introduzione ai principi dell'epidemiologia"*, Istituto Superiore di Sanità, Roma, 1987.

1.3 Le grandi epidemie

Fin dall'antichità l'uomo si è misurato con le epidemie. Quelle che ritornano ciclicamente sono definite endemie mentre quelle che riguardano globalmente la popolazione mondiale sono definite pandemie. Solo nel secolo scorso sono state individuate le loro cause: virus o batteri. Tuttavia l'esistenza di entrambi i patogeni era già stata ipotizzata molti secoli prima.

Nelle società di antico regime, cosciente di non poter controllare la morte come la malattia, le epidemie sono una realtà che ogni uomo incontra almeno una volta nella vita. È abituato a convivere con la paura e per lui l'epidemia nella sua forma massiccia e subitanea fa parte delle grandi paure che periodicamente su un fondo permanente di paure quotidiane.

L'antico regime deve convivere e ciclicamente soccombere alle varie epidemie, peste, tifo, sifilide o vaiolo.

La prima epidemia documentata fu la *"febbre tifoide"* che colpì Atene durante la guerra del Peloponneso nel 430 a.C.. Lo storico Tucidide che fu testimone della grande guerra che vide opporsi Atene e Sparta, ancora oggi stupisce per accuratezza e rigore scientifico.

Nella sua opera "La guerra del Peloponneso" scrive:

"Le persone venivano prese da vampate alla testa, arrossamento e bruciore agli occhi. Il male scendeva nel petto con una forte tosse; e quando raggiungeva lo stomaco provocava spasmi, svuotamenti di bile e forti dolori. Il corpo era come fiorito di piccole pustole e di ulcere".

Lo storico descrive la diffusione dell'epidemia, che interessò tutti i paesi affacciati sul Mediterraneo, agli occhi di un uomo di allora, tutto il mondo, all'epoca di Tucidide gli spostamenti di merci e uomini erano intensi in tutto il mediterraneo.

Un ruolo fondamentale nell'affrontare l'epidemia ebbero i medici e la medicina, che sotto l'influsso di Ippocrate avevano visto una svolta epocale: la cura dei malati era divenuta una pratica scientifica e razionale, lontana dalla superstizione la sua arma era la conoscenza.

Tuttavia nonostante la fiducia nella medicina, il caso di Atene era testimone dei suoi limiti, in particolare il principale problema risiedeva nel fatto che il morbo si presentava per la prima volta, i medici non avevano possibilità di confrontarlo con nulla di precedente, erano senza conoscenza di terapie e rimedi.

Tucidide rileva e sottolinea l'importanza di possedere dati storici, egli scrive:

"I medici non bastavano a causa della loro non conoscenza della malattia, visto che la curavano per la prima volta, ma proprio loro in modo particolare morivano quanto più si avvicinavano ai malati, né era d'aiuto alcuna altra arte umana".

Nella sovraffollata Atene la malattia uccise quasi due terzi della popolazione, tradizionalmente considerata un focolaio di peste bubbonica, studi recenti avanzano ipotesi alternative che comprendono tifo, vaiolo e morbillo. Tuttavia, data la possibilità che i sintomi della malattia descritta nell'opera dello storico Tucidide possano essere mutati nel tempo o che la peste sia stata causata da un agente che oggi non esiste più, la natura esatta della peste ateniese non potrà mai essere conosciuta.

Spostandosi un po' più avanti nei secoli, la cosiddetta *"peste Antonina"* ha colpito l'impero romano tra il 165 e il 180 a.C. durante l'impero di Marco Aurelio, l'epidemia causò tra i 5 e i 30 milioni di morti.

È incerto di che malattia si trattasse realmente, probabilmente morbillo o vaiolo o addirittura entrambe, è certo invece che fu importata dall'esercito romano successivamente alle campagne militari contro i Parti. L'epidemia ebbe effetti devastanti sulla popolazione e contribuì a ridisegnare i confini dell'impero, rese impossibile, da parte dell'esercito romano, respingere le pressioni dei popolo germanici e galli al confine Nord.

Nel VI secolo si abbatté sull'umanità un nuovo contagio capace di annientare città e mettere in ginocchio un impero: la peste di Giustiniano. Sebbene si sia parlato di peste anche nei due casi precedenti, la vera e propria pesta è entrata per la prima volta nella storia nell'estate del 541, in un momento delicato per l'Impero Romano d'Oriente. Giustiniano intendeva strappare l'Italia ai Goti, mentre la campagna d'Africa si era conclusa. Nessuno aveva fatto i conti con i topi infetti che veicolavano la peste bubbonica nel porto egizio di Pelusium, e da lì in quasi la totalità delle coste mediterranee. La peste bubbonica arriva a Pelusium dall'Africa Centrale o dall'Etiopia tramite una imbarcazione che risaliva il corso del Nilo. Dopo aver decimato la popolazione del villaggio, il contagio segue le vie della costa nordafricana e quella meridionale. L'epidemia si sposta nel 541, raggiugendo Gaza e Alessandria, mentre la Siria viene toccata nel 542 e, a causa dell'enorme traffico navale nel suo porto, Costantinopoli viene colpita nello stesso anno.

Le fonti storiche del periodo concordano sul fatto che la malattia iniziò ad espandersi lentamente dalle città costiere verso l'entroterra. Raggiunta la popolosa Costantinopoli l'epidemia si diffuse con maggior rapidità, la densità abitativa giocò un ruolo sicuramente fondamentale. In una decina di giorni Costantinopoli perse il 10 % della sua popolazione. Si fece pressante il problema della sepoltura dei cadaveri, per fronteggiare l'emergenza Giustiniano ordinò che le tombe private venissero stipate di cadaveri, e diede mandato di assoldare a qualsiasi prezzo persone che scavassero fosse comuni. Nella capitale perirono 200.000 circa, il 40% della popolazione, le campagne rimasero spopolate, si indebolì l'apparato militare e istituzionale e molti commercianti chiusero bottega, seguì un grave dissesto finanziario e sociale[11].

La diffusione del batterio *Yersinia Pestis,* che causò l'epidemia della peste di Giustiniano è stata una delle minacce principali che l'uomo ha dovuto, e più volte, affrontare nel corso della storia. Una zoonosi (malattia degli animali ma trasmissibile all'uomo) che può trasmettersi direttamente attraverso il morso di un roditore infetto o attraverso la manipolazione di carne di animali infetti, in questo caso l'agente penetra nel corpo umano attraverso lesioni cutanee o tramite mucose, inoltre i soggetti che contraggono la malattia possono a loro volta trasmetterla ad altri uomini.

---

[11] G. Campagnano "La Peste di Giustiniano", 13 novembre, 2010. https://zweilawyer.com

Si ritiene tuttavia che la veicolazione del batterio sia avvenuta soprattutto per mezzo delle pulci dei ratti, che infettando altre specie animali, hanno trovato il veicolo di propagazione ideale per la peste. Da quel momento in poi si registreranno altre epidemie di peste. I medici del tempo erano disarmati, sconcerti dalla diversa evoluzione che la malattia presentava nei diversi pazienti. Procopio di Cesarea, storico bizantino e testimone delle peste di Giustiniano, scrive:

"Ora alcuni medici erano disorientati perché i sintomi non erano comprensibili, ammesso che la malattia si concentrasse nel gonfiore bubbonico, e decisero di studiare i corpi dei morti. E aprendo quel gonfiore, trovarono una specie sconosciuta di carbonchio che si era sviluppata all'interno di loro.

La morte venne in alcuni casi immediatamente, in altri dopo molti giorni, e in altri casi il corpo esplodeva con delle pustole nere grandi come una lenticchia, e questi non sopravvivevano neppure un giorno, ma tutti soccombevano immediatamente.

In altri casi, inoltre, giungeva un vomito senza causa visibile ed immediatamente portava alla morte.

Inoltre posso testimoniare che i medici più illustri predissero che molti sarebbero morti, ma invece uscirono dalla sofferenza poco tempo dopo in maniera inaspettata; ma dichiararono anche che molti sarebbero stati conservati, ma invece furono destinati ad essere trasportati quasi immediatamente fuori".

I medici bizantini, seguendo gli insegnamenti di Ippocrate, provarono a comprendere il morbo, sezionarono gli snodi linfonodali che presentavano i bubboni, presenti soprattutto nell'inguine, sotto le ascelle e sul collo, analizzarono ogni segno della malattia sul corpo dei cadaveri, tuttavia le conoscenze del periodo non erano sufficienti a comprendere. Presto l'ipotesi della punizione divina per i peccati dell'umanità divenne maggioritaria.

Da quel momento in poi, si segnalano tre diverse epidemie di peste. La prima racchiude un periodo storico che va dal 541 al 717, compresa la peste di Giustiniano, la peste di Shirawayh dal 627 al 628, la peste di Amwas dal 638 al 639 e la peste di notabili dal 716 al 717. La seconda copre una linea temporale che va dal 1346 al 1720, la cosiddetta *Peste Nera*.

La peste nera è senz'altro la pandemia rimasta maggiormente nell'immaginario collettivo e che nel periodo di sua massima diffusione ha ucciso oltre 20 milioni di persone nella sola Europa tra il 1347 e il 1353. Arrivata in Europa attraverso le rotte commerciali d'Oriente, si è diffusa nel continente a partire da una colonia genovese, per poi espandersi dai porti a tutta l'Europa continentale, riducendo di un terzo la popolazione.

Sempre in questa seconda epidemia ricordiamo la peste del 1630 diffusasi nel Nord Italia e raccontata da Manzoni ne "I Promessi Sposi", la Grande Pesta di Londra che tra il 1665 e il 1666 ridusse di un quinto la popolazione della città e la peste di Marsiglia del 1720, che portò ad un dimezzamento della popolazione cittadina. La terza ed ultima epidemia di peste, invece, copre un lasso di tempo che va dal 1855 al 1918 e si è diffusa in tutto il mondo a partire dalla Cina.

È particolarmente rilevante perché proprio in questo periodo, precisamente nel 1894, il medico francese Alexandre Yersin, batteriologo dell'Istituto Pasteur, scoprì il batterio causa della peste classificandolo come Pasteurella Pestis, rinominato nel 1967, Yersinia. Nei secoli di grande diffusione della malattia non si conoscevano farmaci che potessero curarla, l'unica tecnica di contenimento dei contagi era l'isolamento dei malati e dei possibili portatori.

L'importanza dell'isolamento era certamente nota già da secoli, tuttavia gli storici sono concordi nell'affermare che politiche e strategie volte al contenimento dei contagi furono adottate per la prima volta a Venezia durante l'onda epidemica del XIV secolo.

La peste arrivò nella città lagunare probabilmente dalla Dalmazia, ebbe un impatto pesante sulla popolazione che da circa 110 mila abitanti si ridusse a 70 mila. Le autorità della città predisposero misure di sicurezza. Vennero nominati tre esperti con il compito di gestire direttamente l'epidemia, vennero chiuse le chiese e gli altri luoghi di assembramento, fu addirittura imposto il controllo dell'igiene dei luoghi privati.

All'epoca non era ancora noto quale fosse l'agente eziologico della malattia, si riteneva le pestilenze fossero in qualche modo originate dall'aria putrefatta, e che quindi la pulizia degli oggetti, persone e luoghi fosse misura efficace per impedire il dilagare dei contagi. Inoltre, per evitare esalazioni malsane, i morti venivano seppelliti in isole lontane e sotto grandi quantità di terra.

Questa prima grande epidemia ebbe un impatto profondo sulla storia, sulle tradizioni e anche sull'assetto urbano di Venezia.

Alla fine di questa prima grande ondata di pestilenza, che ebbe un grosso impatto anche sul tessuto economico, a causa della chiusura delle attività e dei divieti di organizzare feste e processioni, le autorità imposero sgravi fiscali per i commercianti e favorì l'immigrazione per ripopolare la città.

Ci fu una seconda ondata molto importante nel 1423, durante la quale si arrivò a contare sino a 40 morti al giorno. Nuovamente si adottarono misure di contenimento.

Venezia venne chiusa per impedire l'accesso ai non residenti, venne istituito l'obbligo di denuncia delle persone sospette di essere infettate, prevedendo una pena sino a sei mesi di reclusione.

Il 1423 è una data molto importante anche perché, insieme alle altre misure, venne decisa la costruzione del primo lazzaretto della storia sull'isola di Santa Maria. La struttura che contava circa 200 posti letto, serviva a isolare i malati, tenerli lontano dal centro della città, più che a curarli. Nel 1468, venne decisa la costruzione di un secondo lazzaretto, il cosiddetto Lazzaretto Nuovo, che, a differenza del primo, in cui venivano ospitati i malati, serviva per la quarantena. Si trovava in una posizione strategica, sorgeva su un'isola all'imbocco della laguna.

In questo modo le persone di cui si doveva verificare lo stato di salute veniva ospitate e tenute sotto osservazione per 40 giorni, il tempo ritenuto sufficiente a sviluppare i sintomi della malattia. Inoltre tutte le navi, ed i relativi equipaggi, in entrata in laguna dovevano attraccare all'isola del Lazzaretto Nuovo e sostare per la quarantena.

Le merci venivano disinfettate con fumigazioni di erbe aromatiche che si riteneva potessero eliminare i miasmi degli oggetti venuti in contatto con gli infetti.

Figura 10. L'isola del Lazzaretto Nuovo. Archivio Venipedia/Bazzmann.

Nello stesso anno della costruzione del Lazzaretto Nuovo venne istituito il Magistrato della Sanità, prima autorità della storia preposta alla tutela della salute pubblica, si occupava di gestire le questioni attinenti l'ambito sanitario e di monitorare l'andamento dei flussi epidemici, raccogliendo informazioni attraverso i contatti diplomatici ed una rete di spie che Venezia aveva in tutta Europa; il Magistrato doveva tentare di capire dove si trovassero i possibili focolai di peste e di come gli individui e le merci si muovessero nel Mediterraneo. Queste informazioni venivano poi pubblicate e condivise con gli altri stati per avere un controllo sulle epidemie.

Ingegnose le misure di contenimento e le strategie messe in atto dalla città di Venezia. Fu il prima stato al mondo a prevedere, non solo l'isolamento dei malati di peste conclamati, bensì anche la quarantena preventiva di quanti si sospettava potessero essere *"portatori asintomatici"*, misure straordinariamente attuali, si tratta di concetti che valgono ancora ai giorni nostri: per far fronte all'emergenza, infatti, servono sostegni economici, è necessario igienizzare luoghi e strutture e far rispettare rigidamente le disposizioni sanitarie.

Ancora oggi, la peste rappresenta una malattia terribile, diffusa in varie regioni del mondo. La peste è endemica in buona parte dell'Africa e dell'Asia, dove ogni anno determina circa 100-200 morti.

Tra la fine del Quattrocento e i primi anni del Cinquecento si registrò un'altra terribile epidemia provocata dalla diffusione della sifilide. Si tratta di una malattia infettiva, sessualmente trasmissibile e con possibile decorso cronico, causata da un batterio, noto come Treponema Pallidum. L'infezione si trasmette negli stadi primario, secondario e latente precoce tramite il contatto diretto con le lesioni di pelle o mucose, che può verificarsi principalmente nella regione genitale e anale ma anche nella cavità orale, la trasmissione inoltre può avvenire anche dalla madre al figlio durante la gestazione e il parto.

Se non diagnosticata e trattata la sifilide può evolversi in quattro stadi, nei primi tre si presentano sintomi diversi che tendono a regredire spontaneamente sino alla latenza della malattia, il quarto stadio compare anni dopo l'infezione e può manifestarsi con danni permanenti a cuore, cervello, ossa e altri organi, sino ad una possibile degenerazione progressiva del sistema nervoso, che a livello celebrale può provocare alterazioni sino alla demenza[12]. La malattia fu osservata per la prima volta in occasione dell'invasione dell'esercito francese di Carlo VIII in Italia.

L'epidemia si diffuse in tutta Europa, sconvolgendo le popolazioni per i suoi effetti devastanti. Fu proprio in occasione dell'epidemia di sifilide che emerse per la prima volta l'idea di *"contagio"*, trasmissione dell'infezione da persona a persona, grazie agli studi del medico veronese, Girolamo Fracastoro. Fu subito chiaro che si trattava di una malattia venerea. Anche in questo caso si adottarono misure preventive di isolamento e, per limitare il diffondersi delle infezioni, nacquero ospedali dove i malati dovevano obbligatoriamente venire confinati.

---

[12] Ufficio Federale della sanità pubblica, Confederazione Svizzera, 15 febbraio 2022.

Data la natura venerea della malattia, venne accompagnata dallo stigma sociale, chi si ammalava veniva considerato impuro, isolato e abbandonato dalle stesse famiglie. La chiesa cattolica si adoperò per aiutare i nuovi reietti sociali, anche con la costruzione di nuovi ospedali.

Lo stigma sociale si diffuse anche fra popoli diversi. Gli italiani chiamarono la sifilide "mal francese". I francesi a loro volta rifiutavano questa attribuzione e la chiamarono "mal di Napoli". Allo stesso modo i cristiani la definirono "mal orientale", gli asiatici "male portoghese", i portoghesi "male spagnolo".

Ciò che caratterizzò l'epidemia di sifilide fu l'impegno profuso nella ricerca di una terapia. Mercurio e legno di guaiaco furono le prime cure sperimentali, senza particolare successo. Il prima farmaco efficace fu l'arsenobenzolo, composto organico dell'arsenico, introdotto da Paul Ehrlich nel 1910 e grazie al quale vinse il premio Nobel. Tuttavia la terapia definitiva fu la penicillina, scoperta da Alexander Fleming nel 1928 e prodotta su scala industriale a partire dal 1940.

Fleming aveva scoperto la penicillina casualmente, studiando alcuni ceppi di batteri in capsule, al ritorno da una breve assenza, si era accorto che dove si era sviluppata una muffa i batteri erano stati uccisi. Si era così scoperta la proprietà battericida delle muffe.

Nel corso del Diciottesimo secolo vi furono diverse epidemie di vaiolo, malattia eziologica virale, altamente contagiosa, nota per essere una delle infezioni più gravi che abbia mai colpito l'umanità. Il vaiolo si presenta con un caratteristico esantema vescicolo-pustoloso, accompagnato da una severa compromissione dello stato generale.

Il vaiolo è causato dal virus variola, agente dalle grosse dimensioni capace di determinare violente eruzioni cutanee vescicolari, si diffonde attraverso il contatto diretto con persone infette, per inalazione di microscopiche goccioline di muco infetto, contatto indiretto con oggetti contaminati. Dopo il contagio ed il periodo di incubazione, dai 7 ai 17 giorni, il virus penetra nelle vie respiratorie ed in seguito nei linfonodi. I primi sintomi sono la febbre molto alta, cefalea e malessere generale. Dopo alcuni giorni si attenua la febbre e compare l'eruzione esantematica su cute e mucose, dapprima su braccia e volto poi su tronco e gambe. Il quadro morboso presentava anche una forma molto grave, detta appunto fulminante, che conduceva alla morte molto rapidamente.

Come la peste anche il vaiolo ha, in occidente, origini molto antiche. Il primo paziente diagnosticato a posteriori è il faraone egizio Ramses V, la cui mummia ben conservata e risalente al dodicesimo secolo a.C., fu ritrovata dall'archeologo Victor Loret nel 1898.

Gli studiosi hanno così potuto sul reperto rinvenire, sembra ombra di dubbio, le tracce del vaiolo: il volto era sfigurato da lunghi solchi e le guance deturpate da profonde lacerazioni. Anche in questo caso la malattia era caratterizzata da un forte stigma sociale, soprattutto per quanto riguarda la popolazione femminile. Chi guariva infatti spesso rimaneva sfigurato a causa delle cicatrici lasciate dalle caratteristiche vesciche dell'infezione.

A differenza della peste e della sifilide, la gestione del vaiolo fu caratterizzata dal contatto con gli ammalati piuttosto che dall'isolamento. Si era osservato che chi guariva dalla malattia ne rimane immune, si pensò così che un breve contatto con gli infettati potesse risultare protettivo. In Italia addirittura s'introdusse la pratica di "comprare il vaiolo", i giovani visitavano un ammalato lieve ed in cambio lasciavano loro una moneta, nella speranza di contrarre una forma lieve che poi li proteggesse per il resto della vita.

All'inizio del Settecento Lady Mary Montagu, moglie dell'ambasciatore inglese a Costantinopoli, osservò che in Turchia si praticava una tecnica detta "variolizzazione", consisteva nell'inoculazione nel paziente sano del pus prelevato dalle pustole di pazienti infetti non gravi.

Il metodo, che si diffuse in tutta Europa, presentava numerosi rischi, primo fra tutti quello di provocare infezioni o epidemie di vaiolo iatrogene. Tuttavia la tecnica fu premonitrice di un'altra pratica: la vaccinazione.

Alla fine del Settecento, Edward Jenner scoprì e introdusse la pratica della vaccinazione, utilizzando però il pus del vaiolo vaccino, ovvero del vaiolo che colpiva i bovini e che, essendo molto simile a quello umano, aveva l'effetto di immunizzare efficacemente l'uomo contro la malattia[13].

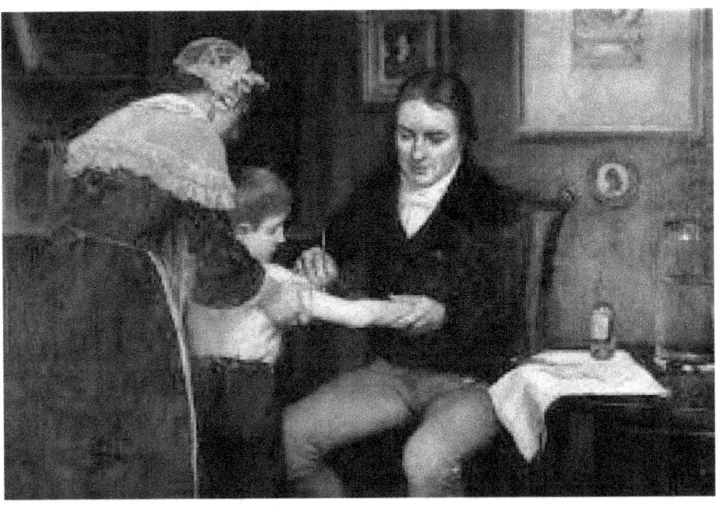

[13] Fabio Zampieri, Università degli Studi di Padova, pubblicazioni "Spazio Salute". 17 marzo, 2020.

Figura 11. 14 maggio, 1796. La prima vaccinazione efficace della storia.

Tra le tragedie del primo Novecento, guerre, carestie e rivoluzioni, vi fu anche una pandemia d'influenza, nota come "spagnola", che fece la sua comparsa in più aree geografiche del mondo, proprio quando la Grande Guerra volgeva al termine. L'origine del nome attribuito alla malattia è legata al fatto che nella primavera del 1918, durante la prima guerra mondiale, le censure dei paesi belligeranti decisero di non divulgare notizie sull'esistenza dell'epidemia per non turbare ulteriormente l'opinione pubblica.

Al contrario in Spagna, paese neutrale, non vi erano censure e i mezzi di comunicazione descrissero dettagliatamente l'epidemia, tanto che il resto del mondo associò erroneamente il nome della malattia all'unica Nazione che ne aveva parlato. Il contagio fu rapido e inarrestabile, veicolato dai grandi traffici di uomini e mezzi imposti dalle necessità della guerra. Tutti i continenti e i popoli, anche i più remoti subirono questo flagello. La scienza medica, dopo i trionfi del secolo precedente, non riuscì a proporre cure efficaci. La terribile epidemia fece più vittime dello stesso conflitto. La spagnola ha ucciso tra i 50 e i 100 milioni di persone in pochi mesi, con un indice di mortalità di 14-55 decessi ogni 1000 abitanti. Si ipotizza che circa un terzo della popolazione mondiale venne infettata in maniera sintomatica, con un tasso di letalità tra i contagiati di circa il 5-20%. Statistiche che fanno dell'influenza spagnola una delle più letali pandemie della storia.

Scoppiò nell'epoca della medicina batteriologica, quando la minaccia delle epidemie sembrava superata. Riaccese sfiducia e paura, segnando un regresso scientifico e sanitario.

La malattia sopraggiungeva improvvisa, conducendo altrettanto rapidamente alla morte, il decesso era causato da emorragie a livello polmonare che portavano al soffocamento, le vittime furono soprattutto giovani, uomini e donne in salute.

L'influenza del 1918 possiede caratteri peculiari che la rendono la prima pandemia del mondo contemporaneo: fu una malattia totale nell'epoca della guerra totale. La rapida globalizzazione del virus fu determinata dalla fitta rete di traffici commerciali e relazioni internazionali.

Se la "peste nera" del Trecento aveva impiegato circa sette anni a contagiare la sola Europa, la spagnola infettò il mondo intero nell'arco di pochi mesi[14].

---

[14] Francesco Cutolo *"L'influenza Spagnola del 1918-1919. La dimensione globale, il quadro nazionale e un caso locale"*, I.S.R.Pt EDITORE, Pistoia, 2020.

La prima ondata coincise con un'influenza primaverile, si manifestò in un campo militare americano nel 1918. Portata in Europa dalle truppe in arrivo dagli Stati Uniti, si diffuse velocemente in Francia, Inghilterra e Italia. L'ondata primaverile, non diversa dalla normale influenza stagionale, non mise in allarme medici e popolazioni.

Nella tarda estate ricomparve con più forza. La malattia si presentava improvvisamente, con mal di gola e malessere generale, rapidamente giungevano febbre, mal di testa e arrossamento agli occhi. Tuttavia erano le complicazione a determinare l'alto tasso di mortalità, in particolare bronchiti acute, polmoniti, catarri soffocanti. Ad uccidere non era l'influenza in sé, bensì le complicazioni pleuropolmonari. Non esisteva profilassi e l'unica misura era evitare il contagio, praticare pulizia delle mani, delle cavità orali e della bocca.

La tremenda influenza spagnola si presentò ad una popolazione stremata dalla guerra, con un sistema sanitario al collasso, i medici e infermieri erano per lo più impegnati al fronte, mancavano farmaci e beni di prima necessità. Negli ospedali si somministrava un siero contro il pneumococco, e si iniettavano alte dosi di canfora, si adottarono misure sanitarie quali la chiusura delle scuole, l'isolamento dei malati, disinfezione accurata di case, uffici pubblici e chiese.

Vennero sospese tutte le feste patronali e ridotte al minimo le riunioni pubbliche nei luoghi chiusi. Vi furono diversi tentativi da parte dei ricercatori di preparare un siero immunizzante efficace senza successo.

Nell'inverno 1918-1919, proprio quando la pandemia sembrava allentare la presa, probabilmente favorita dalle manifestazioni di folle in festa per la fine della guerra, si verifica una terza ondata, infine verso la metà del 1920, a due anni dalla sua comparsa, il ceppo mortale di influenza sembra scomparire.

Stando alle ultime ricerche, quella catastrofe fu provocata da un virus A/HIN1di probabile origine aviaria, completamente nuovo per la popolazione umana, che quindi non aveva difese nei suoi confronti[15].

Dopo la pandemia del 1918, l'influenza tornò ad essere una comune malattia stagionale sino al 1957, quando si sviluppò una nuova epidemia, conosciuta come "influenza Asiatica", comparsa in Cina di origine aviaria, causò circa 2 milioni di morti.

L'HIV è stata probabilmente la pandemia più grave della storia recente. Il primo caso si registrata nel 1980 in California, anche se già negli anni Settanta erano stati riportati

---

[15] A.H. Reid, T.G. Fanning, J.V. Hultin, J.K. Taubenberger, "Origin and evolution of the 1918 Spanish influenza virus hemagglutinin gene, Proceedings of the National Academy of Science" 1991.

casi isolati negli Stati Uniti, ad Haiti e Africa, raggiungendo poi tutti i Paesi, in particolare quelli del Terzo Mondo. Il virus si trasmette principalmente per via sessuale, tramite rapporti non protetti, per via ematica, da madre a figlio durante il parto o l'allattamento. L'HIV, virus da immunodeficienza umana, non è di per sé un virus letale, provoca un progressivo indebolimento del sistema immunitario, attaccando e distruggendo i linfociti, rendendo così l'organismo vulnerabile nei confronti di altri virus, batteri, funghi e tumori.

Nel 2003 compare una forma atipica e particolarmente grave di polmonite: la SARS. La Sindrome Acuta Respiratoria Grave ha avuto origine in Cina ed è stata scoperta da un medico italiano, Carlo Urbani, morto della stessa malattia. La SARS ha determinato, dal 2002 al 2003, circa 8100 casi in 17 diversi Paesi, con un tasso di letalità del 10%.

Un recente studio, condotto dall'Università di Padova, ha analizzato i dati relativi ai quattro secoli di grandi epidemie, dal 1600 al 2020, riconfermando l'influenza spagnola come la più grave epidemia della storia per tasso di mortalità e tasso di letalità. Sempre dallo stesso studio emerge che la probabilità che si verifichi nuovamente una pandemia della stessa intensità è 0,3-1,9% l'anno.

Il team di ricercatori sottolinea anche come le pandemie siano sempre più frequenti.

"La frequenza con la quale nuove malattie epidemiche emergono da serbatoi animali è aumentata negli ultimi decenni a causa dei cambiamenti ambientali antropogenici", spiega Marco Marani, a capo dello studio.

1.4 I modelli epidemiologici

Un *modello* è un oggetto, un concetto ovvero una rappresentazione utilizzato per descrivere un evento reale; in particolare un modello matematico è un modello simbolico che, attraverso l'astrazione e l'utilizzo di concetti matematici come equazioni, funzioni, variabili e costanti, permette descrizioni di validità generali.

La costruzione di modelli concettuali è alla base dell'interazione dell'uomo con la realtà, essendo astratto permette, inoltre, di eliminare tutti i dettagli non rilevanti, evidenziando gli aspetti di maggior interesse; tali modelli sono imperfetti e manipolabili, costruiti a partire dall'osservazione e dalla rilevazione di dati sperimentali.

Un modello è tanto migliore quanto meglio riflette la realtà, per valutarne la bontà occorre valutare a priori occorre valutare quanto è rispettoso delle conoscenze sul fenomeno in analisi, quali e quanti determinanti legate al fenomeno prende in considerazione e se a ciascuna determinante viene assegnata una adeguata importanza relativa.

Una prima classificazione dei modelli matematici prevede la distinzione tra modelli *descrittivi* e modelli *prescrittivi*.

I modelli descrittivi tentano di fornire una descrizione ed una previsione del funzionamento di un fenomeno, i prescrittivi offrono informazioni utili ad assumere decisioni al fine di influenzarne il futuro andamento. Data la loro differente finalità è evidente che nello studio di un fenomeno vengano dapprima formulati modelli descrittivi e solo successivamente modelli prescrittivi.

Una più recente classificazione dei modelli matematici applicati ai diversi settori delle scienze, prevede la distinzione tra modelli *deterministici* e modelli *stocastici*.

I modelli deterministici sono, nella loro formulazione, più semplici e si avvalgono di variabili che assumono valori fissi, non considerano cioè l'incertezza ad esse associate; si tratta di un approccio tipico della cultura newtoniana, secondo la quale i fenomeni naturali possono sempre essere collegati ad una causa che li provoca e che, noti i valori iniziali, sia sempre possibile determinarne con precisione l'evolversi.

I modelli stocastici hanno una formulazione in genere più complessa, in quanto tengono in considerazione le variazioni, casuali e non, delle variabili, fornendo risultati in termini di probabilità, risultando più affidabili e riuscendo a fornire una descrizione del fenomeno più aderente alla realtà.

In generale non è necessariamente vero che i modelli più complicati sono migliori di quelli semplici, è logico ritenere che ciò dipenda dalla domanda alla quale un modello intende rispondere, dalla qualità e quantità di dati rilevati o rilevabili, e dal tempo a disposizione per la formulazione del modello stesso.

La storia dei modelli matematici epidemiologici inizia più di 250 anni fa con Daniel Bernoulli, fisico e matematico francese, che presentò la prima trattazione teorica del problema della diffusione del vaiolo. Nei primi anni del Settecento la progenie del Re sole era stata sterminata da questa malattia, che fece tra le vittime Maria Adelaide di Borgogna e suo marito, suo figlio luigi e il duca di Berry, il problema era dunque una di grande attualità.

Una possibile strategia per contrastare la diffusione del vaiolo era all'epoca rappresentata dalla variolizzazione, in auge prima della vaccinazione che ebbe inizio dagli studi di

Jenner nel 1798, che consisteva nell'inoculare, nel soggetto da immunizzare, materiale infetto prelevato da soggetti malati[16].

Nel saggio "nuova analisi della mortalità causata dal vaiolo e studio dei vantaggi connessi alla vaccinazione preventiva" del 1760, Bernoulli volle dimostrare i vantaggi della vaccinazione preventiva e, a tale scopo, si serve di una argomentazione di carattere matematico, egli stesso scrisse:

"Mi auguro solo che in una questione che riguarda così da vicino il bene dell'umanità, si decida con la piena consapevolezza che un po' di analisi e di calcolo possono fornire".

Il lavoro di Bernoulli si base sull'idea di confrontare l'evoluzione nel tempo di una stessa coorte, gruppo di individui portatori di una comune caratteristica, in due distinti casi:

- La coorte è composta da individui vaccinati alla nascita e quindi immuni, esposti solo alla mortalità demografica (non si possono ammalare, situazione ideale ma irrealistica).

- La coorte è composta da individui non vaccinati, esposti al contagio e alla conseguente mortalità, oltre

---

[16] Maria Groppi, Rossella della Marca "Modelli epidemiologici e vaccinazioni: da Bernoulli a oggi", Matematica, Cultura e Società, Rivista dell'Unione Matematica Italiana. Serie 1, Vol.3. 2018.

che a quella demografica (alcuni si ammalano ma non muoiono, altri muoiono, situazione realistica).

Analizzando il caso di una coorte di individui vaccinati alla nascita, indicato con N(t) il numero di individui sopravvissuti sino all'età t (valore della funzione N(t) finale), indicato con N_0 il numero di individui al tempo iniziale, ossia i neonati, la legge che determina l'evoluzione è descritta da una progressione geometrica:

$$(1) \quad N_n = (1 - m)^n N_0,$$

dove m rappresenta il tasso pro-capite di mortalità naturale, per cause non dipendenti dall'epidemia, e viene supposto costante.

Se per misurare il tempo si estende l'insieme dei numeri dai Naturali ai Reali, la legge di evoluzione è una equazione differenziale, che descrive la rapidità di variazione della variabile N espressa dalla derivata prima della funzione N(t), rispetto al tempo:

$$(2) \quad N'(t) = -m\, N(t), \quad \text{con } N(0) = N_0 .$$

La soluzione prescriverà un'estinzione della popolazione tanto più rapida quanto più è alto il tasso di mortalità m:

$$(3) \quad N(t) = N_0 e^{-mt}$$

A titolo esemplificativo e nell'evidenza di risultati poco realistici, si confrontino i grafici, di seguito, della funzione esponenziale decrescente ottenuta assumendo diversi parametri di N_0 e m, in particolare $N_0 = 1000$ e m = 0,05 in prima analisi e $N_0 = 1000$, m = 0,01 in seconda analisi.

Assunti $N_0 = 1000$ e m = 0,05, si ottiene la funzione:

$$(4)\ N(t) = 1000e^{-0.05t}$$

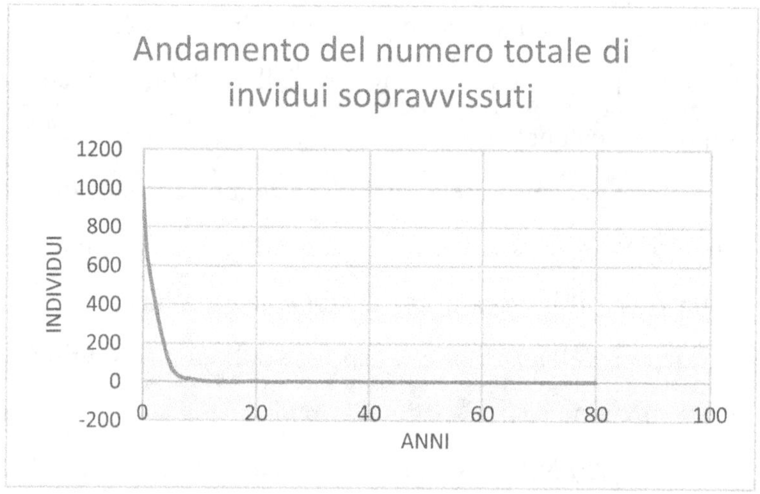

Figura 12. Modello di Bernoulli: numero iniziale di individui pari a 1000 e tasso di mortalità 0,5.

Il grafico mostra una celere estinzione della popolazione entro il ventesimo anno di età.

Assunti ora $N_0 = 1000$, m = 0,01 si ottiene la funzione:

$$(5)\ \mathrm{N(t)} = 1000e^{-0.01t}.$$

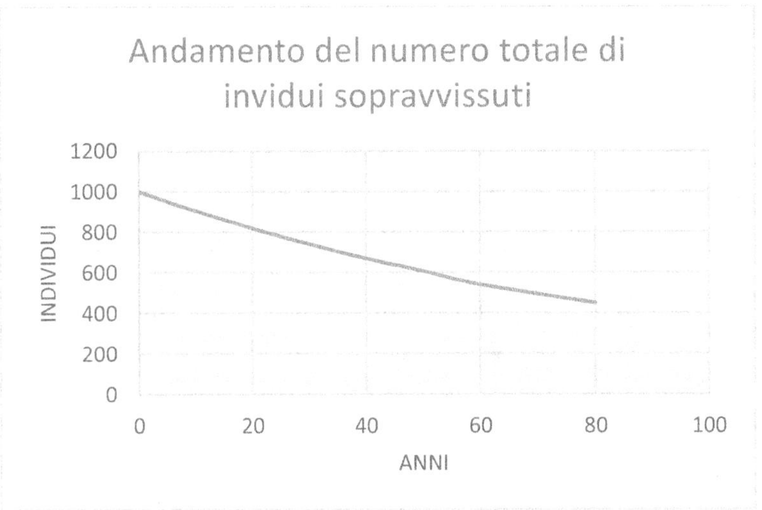

Figura 13. Modello di Bernoulli: numero iniziale di individui pari a 1000 e tasso di mortalità 0,01.

Il grafico che si ottiene mostra la sopravvivenza di circa metà popolazione iniziale entro l'ottantesimo anno di età. Da un confronto dei due modelli si evince la sensibilità del risultato al tasso di mortalità m.

Di seguito viene mostrato il grafico del modello di Bernoulli dato il numero iniziale di individui pari a 1000 ed un tasso di mortalità 0,01.

Nel caso della coorte di individui non vaccinati considerata da Bernoulli, questa risulta essere esposta al contagio, inoltre è possibile suddividere i soggetti nei compartimenti dei suscettibili, ossia gli individui sani che possono contrarre l'infezione, e in quello degli immunizzati, ossia coloro che hanno contratto la malattia e sono sopravvissuti sviluppando l'immunità.

In questo caso analizzato, oltre alla mortalità naturale di tasso specifico *m,* occorre tener conto anche del processo di contagio e della mortalità indotta dalla malattia.

Si introducono dunque il tasso di contagio pro-capite *c* e la probabilità *M* di mortalità indotta dalla malattia (*1-M* sarà dunque la probabilità di sopravvivenza); si indicano inoltre con S(t) la funzione che rappresenta il numero di sopravvissuti all'età t e con R(t) la funzione che rappresenta la numerosità degli immunizzati alla malattia.

L'evoluzione nel tempo dei compartimenti suscettibili e immunizzati sarà descritto dal modello matematico rappresentato da un sistema di equazioni differenziali:

$$(6) \begin{cases} S'(t) = -mS(t) - cS(t) \\ R'(t) = -mR(t) + c(1 - M)S(t) \end{cases}$$

Con dati iniziali S(0) = N_0 e R(0) = 0, all'istante iniziale infatti non vi sono individui immunizzati, non avendo ancora la coorte sperimentato la malattia.

L'evoluzione del numero totale di individui sopravvissuti fino all'età t:

$$N(t) = S(t) + R(t),$$

prescritta dal sistema di equazioni (6) risulta data dalla seguente funzione:

$$\textit{(7)}\ N(t) = N_0 e^{-mt}\left[1 - M(1 - e^{-ct})\right]$$

L'estinzione della popolazione totale $N = S + R$ avverrà molto più velocemente, essendo la funzione (7) caratterizzata da una più veloce decrescita a zero.

Posti c = 0,125 e M = 0,125, parametri utilizzati da Bernoulli, lasciato inalterato

N_0= 1000 e m = 0,01si ottiene la funzione:

$$\textit{(8)}\ N(t) = 1000_0 e^{-0,01t}\left[1 - 0,125(1 - e^{-0,125t})\right]$$

La funzione, per gli stessi valori espressi in anni utilizzati nei precedenti grafici, restituisce i dati output che evidenziano una più veloce decrescita dei valori riferiti al numero totale di individui sopravvissuti.

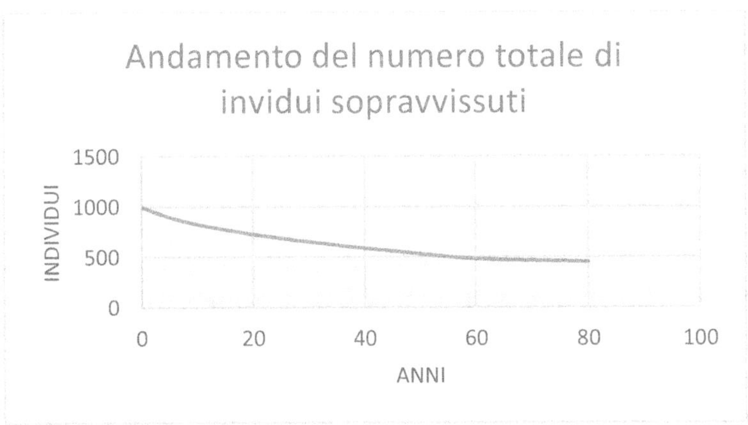

Figura 14. Modello di Bernoulli: N_0= 1000; m = 0,01; c=0,125 e M=0,125.

Dal confronto di *(5)* e *(7)* è possibile notare che l'evoluzione della coorte vaccinata durante la malattia e quella della coorte esposta al contagio possono essere tanto più simili quanto più piccoli sono i valori dei parametri c e M.

Il confronto tra i due scenari costituisce per Bernoulli argomentazione a supporto della vaiolizzazione.

Bernoulli costruisce il primo schema di analisi, appunto un modello, applicato all'epidemiologia, giungendo alla conclusione che con il vaiolo l'aspettativa di vita diminuiva di circa tre anni, seppure con dati incerti e gli strumenti di calcolo del periodo, egli dimostra che la vaccinazione è una pratica vantaggiosa in grado di diminuire la mortalità infantile e aumentare l'aspettativa di vita della popolazione.

Il lavoro di Bernoulli, presentato all'Accademia delle Scienze di Parigi nell'aprile 1760, non fu senza critiche, in particolare un altro matematico, Jean Baptiste Le Rond d'Alembert, contestò le ipotesi di Bernoulli sulla probabilità di infezione.

D'Alembert suggerì una soluzione diversa che non richiede queste ipotesi: chiama *v(t)* la mortalità dovuta al vaiolo all'età t, *m(t)* la mortalità dovuta ad altre cause e *P(t)* il numero di persone ancora vive, la funzione persone vive al tempo t risulta:

$$(9) \quad P'(t) = -v(t)P - m(t)P$$

Dalla quale si ottiene:

$$(10) \qquad P(t) = P_0\, e^{-\int v(t) + m(t)\, dt}$$

La *(10)* introdotta da D'Alembert non contraddice la formula di Bernoulli *(7)*, usa solo un diverso tipo di informazione v(t) che non era disponibile all'epoca poiché i registri delle morti includevano la causa ma non l'età della vittima, suggerendo che non era possibile concludere se l'inoculazione fosse utile[17].

Il modello di Bernoulli segna dunque l'inizio dell'epidemiologia matematica.

E' solo però nei primi anni del secolo scorso che si assiste al pieno coinvolgimento della modellizzazione matematica nelle questioni di natura epidemiologica.

Il passo decisivo si compie nel 1911, quando il medico britannico Ronald Ross, già premio Nobel nel 1902 per il suo lavoro sulla malaria, studiò un sistema di equazioni differenziali che modellava la diffusione di questa malattia.

Mostrò che la malaria può persistere solo se il numero di zanzare è al di sopra di un certo valore, tuttavia incontrò molto scetticismo all'interno della comunità scientifica del suo tempo quando affermò che la malaria poteva essere

---

[17] Nicolas Bacaer "Histoires de mathematiques et de population". Cassini, Parigi,2021.

sradicata semplicemente riducendo il numero delle zanzare. Nel suo libro "La prevenzione della malaria" pubblicato nel 1911, cercò di costruire modelli matematici della trasmissione della malaria per sostenere la sua affermazione.

Si considerino:

- N la popolazione umana totale,
- $I(t)$ il numero di individui infettati dalla malaria al tempo t,
- n il numero totale di zanzare,
- $i(t)$ il numero di zanzare infette,
- b la frequenza di puntura delle zanzare,
- p probabilità di trasmissione uomo-zanzara,
- p' probabilità di trasmissione zanzara-uomo,
- a tasso di guarigione degli individui,
- m tasso di mortalità delle zanzare.

Durante un piccolo intervallo di tempo dt, ogni zanzara infetta punge b individui di cui la frazione $\frac{N-1}{N}$ non è ancora infetta. Tenendo conto la probabilità di trasmissione p', ci sono $bp'i\frac{N-1}{N}dt$ nuovi individui infetti, durante lo stesso intervallo di tempo il numero di esseri umani che guariscono è $aIdt$.

Quindi:

$$(11) \qquad I'(t) = bp'i\frac{N-1}{N} - aI$$

In modo analogo ogni zanzara non infetta punge b

individui, tra i quali una frazione pari a $\frac{I}{N}$ è già infetta.

Tenendo conto della probabilità di trasmissione *p*,

si hanno *bp (n-1)* $\frac{I}{N}$ nuove zanzare.

Nel frattempo, assumendo che l'infezione non

influenzi la mortalità, il numero di zanzare che muoiono è

midt.

Si ha dunque:

$$(12) \qquad i'(t) = bp(n-1)\frac{I}{N} - mi$$

Il modello matematico che si ottiene consiste in

un sistema delle due equazioni differenziali *(11)* e *(12)*:

$$(13) \qquad \begin{cases} I'(t) = bp'i\frac{N-1}{N} - aI \\ i'(t) = bp(n-1)\frac{I}{N} - mi \end{cases}$$

Per definire e interpretare la soglia critica di zanzare

n*, al di sotto della quale la malaria non persiste, scoperta da

Ross, si consideri un uomo infetto introdotto in una

popolazione umana ed una di zanzare entrambe libere dalla

malattia. L'individuo rimane infetto per un tempo $\frac{1}{a}$, lo stesso

riceve $\frac{bn}{aN}$ numero di morsi mentre è infetto, infettando in

media $\frac{bpn}{aN}$ zanzare. Ognuna di queste zanzare infette vive in media per un periodo $\frac{1}{m}$ e punge $\frac{b}{m}$ individui, infettandone

un numero pari a $\frac{bp\prime}{m}$.

Dopo la trasmissione dal primo individuo infetto alle zanzare e da queste ad altri individui, il numero medio di nuovi umani infetti, indicato con R_0, è dato dal prodotto del numero di morsi $\frac{bn}{aN}$ per il numero di individui infettati $\frac{bp\prime}{m}$:

$$(14) \qquad R_0 = \frac{bn}{aN}\frac{bp\prime}{m} = \frac{b^2 pp\prime n}{amN}$$

R_0 rappresenta il numero di casi secondari dovuti a un caso umano primario ed il processo di infezione che avviene continuamente nel tempo può essere considerato anche attraverso generazioni successive.

La malaria può invadere la popolazione solo se $R_0 > 1$, ossia vi deve essere almeno più di un caso secondario di infezione affinché la malattia possa continuare a propagarsi nella popolazione. Tale condizione, enfatizzata solo molto tempo dopo il lavoro di Ross[18], equivale a n > n*, come è possibile dimostrare a partire dalla relazione *(14)*:

$$R_0 = \frac{bn}{aN}\frac{bp\prime}{m} = \frac{b^2 pp\prime n}{amN}$$

- posto $R_0 > 1$, allora:

$$(15) \qquad b^2 pp'n > amN;$$

____

[18] Ivi, 75-76.

- essendo p e p' espressioni di probabilità e b
espressione di frequenza, allora:

$$(16) \qquad 0 < pp' < 1;$$

$$(17) \qquad 0 < b^2 < 1;$$

- dividendo entrambi i membri nella *(15)* si dimostra
l'esistenza della soglia critica n^*:

$$(18) \qquad n > \frac{amN}{b^2 pp\prime} = n^*.$$

Ross dimostrò attraverso il modello matematico
quanto già aveva intuito, riducendo il numero di zanzare al di
sotto di una determinata soglia, è possibile eradicare
l'epidemia di malaria, dichiarandosi così a favore della
modellazione matematica in epidemiologia:

*"In effetti tutta l'epidemiologia, interessata com'è alla
variazione della malattia da tempo a tempo o dà luogo a
luogo, dev'essere quantificata matematicamente, per quante
variabili siano implicate.*

*Dire che una malattia dipende da certi fattori non
significa molto, fino a quando non possiamo anche formulare
una stima di quanto ampiamente ogni fattore influenzi l'intero
risultato. E il metodo di modellazione matematica non è altro*

che l'applicazione di un attento ragionamento ai problemi in questione"[19].

Con i contributi di Ross ha avvio, nel ventesimo secolo, quella che viene definita la Golden Age dell'epidemiologia matematica.

Nel 1926 il medico Anderson Gray McKendrick, che aveva lavorato con Ross durante una missione per combattere la malaria in Sierra Leone, pubblicò l'articolo *"Applicazioni della matematica ai problemi medici"*, apportando diverse nuove idee, in particolare egli introdusse un modello matematico a tempo continuo ($t \to \infty$) per le epidemie che teneva conto anche dell'aspetto stocastico (che varia in base a leggi probabilistiche) dell'infezione e della guarigione.

Nel 1927 il chimico William Ogilvy Kermack, già responsabile del Royal College of Physicians Laboratory di Edimburgo, iniziò una collaborazione con McKendrick sulla modellizzazione matematica delle epidemie.

Kermack e McKendrick svilupparono insieme diversi modelli, il più noto è il SIR, modello generale compartimentale, che è alla base di tutta la modellistica, anche più recente, per lo studio delle epidemie.

---

[19] Ronald Ross "The Prevention of Malaria", John Murray, London 1911.

Capitolo 2   IL MODELLO SIR

Il modello SIR, introdotto nel 1927 da Kermarck e McKendrick, fornisce una semplice rappresentazione della diffusione di una malattia infettiva che si trasmette attraverso il contatto tra individui, ha inoltre lo scopo di spiegare la rapida crescita e successiva decrescita del numero di infetti osservate in alcune epidemie come la peste ed il colera. Si tratta di un modello deterministico, dove le grandezze esaminate sono successive all'origine della malattia.

Nei cosiddetti modelli SIR la popolazione viene suddivisa in tre classi: i suscettibili, ossia coloro che possono essere contagiati, gli infetti, coloro che hanno contratto la malattia e sono in grado di trasmetterla, ed i rimossi. Il termine SIR è appunto acronimo di "Susceptible" o suscettibile, " Infectious" o infetto e "Recovered" o rimosso.

Il precedente modello di Bernoulli, elaborato nel 1760, contemplava già le classi dei Suscettibili e dei Rimossi, tuttavia non quella degli Infetti, essendo la durata delle infezioni molto più breve della vita media.

Il modello SIR non ha valenza generale, è applicabile alle malattie che non prevedono una possibile reinfezione. Un individuo, infatti, una volta passato per la fase infettiva viene rimosso in permanenza dalla dinamica poiché si suppone mantenga una immunità perpetua.

È possibile immaginare situazioni più complesse, ad esempio che l'immunità sia solo temporanea e che una volta rimosso un individuo possa poi essere nuovamente annoverato tra i suscettibili, o situazioni in cui non esistano i rimossi in quanto la malattia non ha carattere letale e non conferisce immunità alcuna. Si tratterebbe comunque di modelli derivati dal SIR, del quale manterrebbero le dinamiche principali.

Il modello SIR è modello elementare, non applicabile per studiare la diffusione di molte malattie infettive a causa della loro complessità, ma resta l'elemento costitutivo della maggior parte dei modelli più complessi oggi utilizzati in epidemiologia.

2.1 Derivazione del modello

Considerata una popolazione di dimensione N, le persone possono successivamente passare attraverso tre stati: lo stato suscettibile S, lo stato infettivo I e lo stato guarito R. Si noti che il terzo stato R, se la malattia è fatale, è in realtà la morte.

Figura 15. Diagramma di flusso del modello SIR.

Poiché il numero di individui appartenenti a ciascuna delle tre classi può variare nel tempo, esso è rappresentato da tre funzioni del tempo. Il numero totale della popolazione N, che si suppone costante, è dunque dato dalla somma degli individui appartenenti alle tre differenti classi:

$$(19) \qquad N = S(t) + I(t) + R(t).$$

L'incidenza, ossia il numero di individui che vengono infettati nell'unità di tempo, permette di caratterizzare la dinamica dei suscettibili come variazione del numero S al tempo t rispetto al numero S iniziale:

$$(20) \qquad \frac{dS}{dt} = \frac{S_t - S_0}{t} = S'(t) = - \text{incidenza}.$$

La *(20)* risulta essere espressione della derivata prima della funzione *S(t)* e assumerà valori sempre negativi essendo $S_t < S_0$ in ogni istante $t > 0$.

Considerato un soggetto infetto, si definiscono:

- - cN il numero dei suoi contatti. Si suppone che esso dipenda proporzionalmente al numero totale N per mezzo del tasso di contagio pro-capite c.

- - La probabilità $\frac{S}{N}$ che vi sia un contatto con un suscettibile, essendo, come da definizione di probabilità, S casi favorevoli su N casi totali. Si ha dunque che $cN\frac{S}{N}$ è il numero di contatti di un suscettibile con un infetto (non tutti i contatti portano al contagio).

- - p è la probabilità con cui un contatto porta ad una infezione. Il numero di suscettibili che risulteranno infetti nell'unità di tempo per ogni individuo infettivo è $pcN\frac{S}{N} = pcS$. Il numero di suscettibili che vengono infettati nell'unità di tempo, considerato il numero totale di infetti I, risulta $pcSI$.

Posto *pc = a, a* è detto *tasso di trasmissione costante.*
La funzione del tempo *aI* è detto *forza di infezione.*

Per la dinamica dei suscettibili si ottiene l'equazione differenziale:

$$(21) \qquad \frac{dS}{dt} = S'(t) = -aIS.$$

Detta *b* la probabilità che un singolo individuo infetto guarisca nell'unità di tempo si ha:

$$(22) \qquad \frac{dI}{dt} = I'(t) = aSI - bI.$$

Infine i guariti entrano definitivamente nella classe dei rimossi, per cui si ha:

$$(23) \qquad \frac{dR}{dt} = R'(t) = bI.$$

Il modello matematico che si ottiene è rappresentato da un sistema di tre equazioni differenziali ordinarie ed il numero di nuove infezioni per unità di tempo è, come nel modello stocastico di McKendrick del 1926, proporzionale sia al numero di persone suscettibili che al numero di persone infette:

$$(24) \qquad \begin{cases} S'(t) = -aIS \\ I'(t) = aSI - bI \\ R'(t) = bI \end{cases}$$

All'inizio dell'epidemia, al tempo *t = 0*, un determinato numero di persone è infetto, nessuno è ancora stato rimosso ed il numero dei suscettibili risulta essere dato dalla differenza tra il numero totale della popolazione ed il numero iniziale degli infetti:

$$S(0) = N - I_0, \; I(0) = I_0, \; R(0) = 0$$

Si ha quindi:

$$N(0) = S(0) + I(0) + R(0) = N - I_0 + I_0 + 0 = N,$$

$$0 < I_0 < N.$$

Sommando le equazioni del sistema *(24)* si ottiene:

$$N'(t) = S'(t) + I'(t) + R'(t) = 0.$$

Ovvero la popolazione totale è costante e uguale al valore iniziale $N = N(0)$.

L'equazione *(21)* può essere scritta come:

$$\frac{d\left[Se^{a\int_0^\infty I(t)dt}\right]}{dt} = 0.$$

Sviluppando la derivata al numeratore si ottiene infatti:

$$\frac{d}{dt}\left[Se^{a\int_0^\infty I(t)dt}\right] = d\,Se^{a\int_0^\infty I(t)dt} + a\,S\,Ie^{a\int_0^\infty I(t)dt},$$

$$d\,Se^{a\int_0^\infty I(t)dt} + a\,S\,Ie^{a\int_0^\infty I(t)dt} = 0.$$

Raccogliendo:

$$\frac{1}{dt}e^{a\int_0^\infty I(t)dt}(d\,S + a\,S\,I) = 0.$$

Dividendo entrambi i membri per $e^{a\int_0^\infty I(t)dt}$, il cui limite per $t \to \infty$ tende a 0^+ ma è mai nullo, si ottiene la *(24)*:

$$\frac{dS}{dt} + aIS = 0;$$

$$\frac{dS}{dt} = - aIS.$$

Seguendo procedimenti analoghi, si può scrivere la *(22)* come:

$$\frac{d\left[Ie^{bt-a\int_0^\infty I(t)dt}\right]}{dt} = 0.$$

Ne segue che:

$$S(t) = S(0)\, e^{a\int_0^\infty I(t)dt} > 0, \qquad\qquad I(t) = I(0)$$

$$e^{bt-a\int_0^\infty I(t)dt} > 0.$$

L'equazione *(21)* può anche essere scritta come:

$$\frac{-d[logS]}{dt} = aI,$$

infatti derivando

$$-d[logS] = -dS\frac{1}{S} = aI, \quad \text{e integrando tra } t = 0 \text{ e } t \to \infty,\ \text{si}$$

ottiene:

$$logS\,(0) - logS_\infty = a\int_0^{+\infty} I(t)dt.$$

Analogamente la *(22)* può essere scritta come:

$$\frac{dI}{dt} = -\frac{dS}{dt} - bI, \quad \text{integrando tra } t = 0 \text{ e } t \to \infty:$$

$$-I(0) = S(0) - S_\infty - b\int_0^{+\infty} I(t)dt.$$

Ponendo a sistema le due uguaglianze ottenute si ha:

$$\begin{cases} \log S(0) - \log S_\infty = a \int_0^{+\infty} I(t)dt \\[2mm] -I(0) = S(0) - S_\infty - b \int_0^{+\infty} I(t)dt \end{cases}$$

isolando $\int_0^{+\infty} I(t)dt$ nel sistema ed utilizzando il confronto

si ottiene:

$$\frac{\log S(0) - \log S_\infty}{a} = \frac{S(0) - S_\infty + I(0)}{b}$$

Essendo $S(0) = N - I_0$, si ottiene la formula che fornisce

implicitamente S_∞ e quindi anche la dimensione finale

dell'epidemia $R_\infty = N - S_\infty$:

$$(25) \qquad \log S(0) - \log S_\infty = \frac{a}{b}(N - S_\infty) = -\log\left(\frac{S_\infty}{S(0)}\right).$$

Quando il numero iniziale di persone infette I_0 è

piccolo rispetto alla dimensione della popolazione N, come

spesso si verifica all'inizio di una pandemia, la formula *(25)*

può essere scritta usando $S_\infty = N - R_\infty$:

$$(26) \qquad -\log\left(1 - \frac{R_\infty}{N}\right) \approx R_0 \frac{R_\infty}{N},$$

dove per definizione

$$R_0 = \frac{aN}{b}.$$

L'equazione *(26)* ha una soluzione positiva solo se

$R_0 > 1$.

Così Kermarck e McKendrick arrivano alla conclusione che l'epidemia infetta una frazione non trascurabile della popolazione solo se $R_0 > 1$. Esiste cioè una soglia per la densità di popolazione $N^* = \dfrac{b}{a}$ al di sotto della quale non possono verificarsi epidemie[20].

Quando la dimensione della popolazione N è appena sopra la soglia $N = N^* + \varepsilon$ si verifica una epidemia di piccola ampiezza.

A fine dimostrativo di costruiscono le curve dell'andamento delle classi dei

Si definiscono:

- N numero totale della popolazione iniziale,

- α indice di contagiosità della malattia,

- $\beta = \dfrac{2\alpha}{N-1}$ numero medio di infezioni al giorno, essendo $\dfrac{N(N-1)}{2}$ i possibili contatti giornalieri di ciascun individuo appartenente alla popolazione totale N,

- I_0 il numero di infetti in $t = 0$,

- γ indice di contenimento dell'epidemia (legato alle misure adottate),

---

[20] Nicolas Bacaer "Histoires de mathematiques et de population". Cassini, Parigi,2021.

$$\begin{cases} S(t+1) = S(t) - \beta S(t)I(t) \\ I(t+1) = I(t) + \beta S(t)I(t) - \gamma I(t) \\ R(t+1) = R(t) + \gamma I(t) \end{cases}$$

il modello che rappresenta l'andamento delle tre classi.

Posti $N = 1500$, $I_0 = 10$, $\alpha = 0,80$ e $\gamma = 0,10$ si determinano i dati dei primi 7 giorni di epidemia relativi ai tre compartimenti:

Giorno	0	1	2	3	4	5	6	7
Susce.	1500	1484	1443	1343	1113	659	88	-36
Infetti	10	25	63	157	371	788	1280	1276
Rimossi	0	1	4	10	26	63	142	270

Figura 16. Tabella dei dati ricavati dal Modello SIR, andamento temporale dei tre compartimenti.

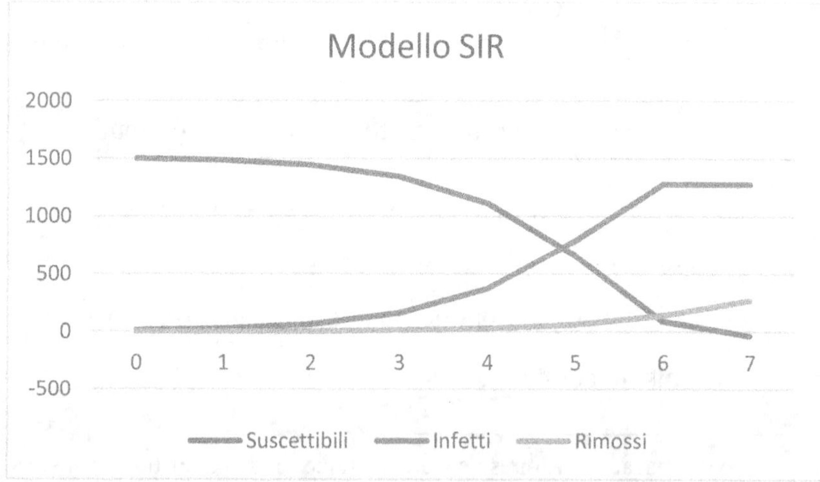

Figura 17. *Modello SIR*, andamento temporale dei tre compartimenti *S, I* e *R*, $N = 1500$, $I_0 = 10$, $\alpha = 0,80$ e $\gamma = 0,10$.

Il grafico mostra l'andamento temporale delle classi dei suscettibili, infetti e rimossi, durante l'epidemia di una malattia con alto indice di contagiosità (80%) e lievi misure di contenimento (indice 0,10).

Si tratta di una situazione limite quella illustrata, interessante però notare come l'alto indice di contagiosità unito a quasi assenti misure di contenimento della malattia, portino alla totale cancellazione della classe dei suscettibili entro il settimo giorno dal primo contatto tra infetti e suscettibili, idealmente si verifica il contagio dell'intera popolazione.

Si vuole ora dimostrare come, per una malattia con lo stesso indice di contagiosità del precedente caso analizzato, posto lo stesso numero iniziale di suscettibili e di infetti, ma in regime di applicazione di importanti misure di contenimento, l'andamento temporale dei tre compartimenti subisca sensibili variazioni.

Posti $N = 1500$, $I_0 = 10$, $\alpha = 0,80$ e $\gamma = 0,70$ si determinano i dati, relativi ai tre compartimenti, dei primi 7 giorni di epidemia.

La tabella che segue riporta i dati ottenuti del modello così ottenuto:

Giorno	0	1	2	3	4	5	6	7
Suscett.	1500	1484	1453	1394	1287	1106	838	530
Infetti	10	19	37	70	128	220	334	408
Rimossi	0	7	20	46	95	184	338	572
Giorno	8	9	10	11	12	13	14	15
Suscett.	292	176	134	118	112	109	107	106
Infetti	360	223	110	49	21	9	4	-1
Rimossi	858	1110	1266	1343	1377	1392	1399	1405

Figura 18. Dati ricavati dal *Modello SIR*, andamento temporale dei tre compartimenti.

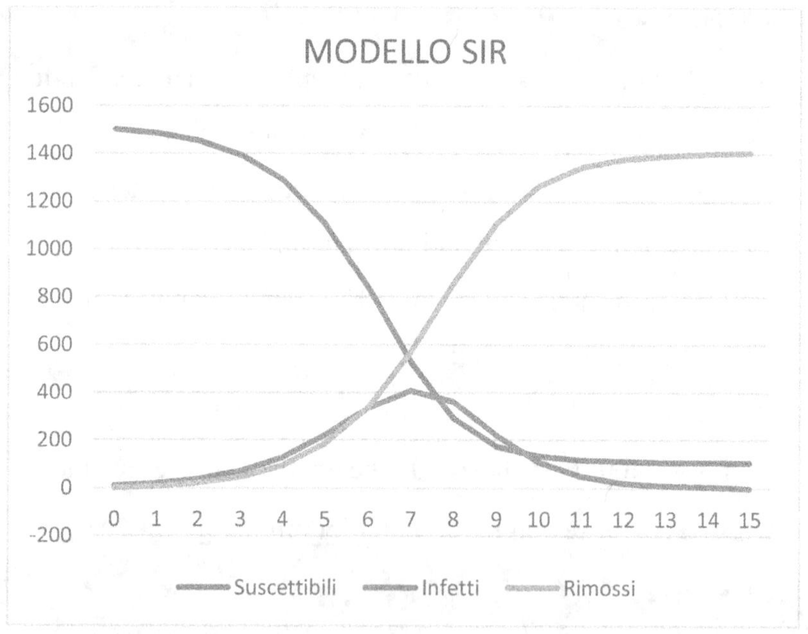

Figura 19. *Modello SIR*, andamento temporale dei tre compartimenti S, I e R, N = 1500, $I_0 = 10$, $\alpha = 0{,}80$ e $\gamma = 0{,}70$.

2.2 Il modello SIR con demografia

Il modello di Kermarck e McKendrick, pur essendo una base solida sulla quale tutt'oggi si reggono la maggior parte dei modelli matematici di tipo compartimentale, nella sua semplicità, prevede in ogni caso l'estinzione dell'epidemia, non è in grado cioè di analizzare una eventuale endemicità della malattia. L'endemicità è la capacità di una malattia di persistere per lungo tempo in una popolazione.

Il modello matematico SIR, analizzato sinora, è un modello *senza demografia,* un modello cioè che non include esplicitamente nascite e morti, questo tipo di modello è valido per lo studio di malattie epidemiche che si sviluppano su intervalli temporali brevi, tanto che non risulta essere significativa una variazione nella popolazione.

Un modello che includa le nascite e le morti (non dipendenti dalla malattia in esame) è detto *con demografia.* Viene così allargato l'orizzonte temporale che non è limitato al singolo caso epidemico.

Per la costruzione del modello SIR con demografia si introducono le seguenti ipotesi:

- La popolazione è non chiusa, ossia vi è un input (natalità) e un output (mortalità).

- Tutti i nuovi nati sono da ritenersi suscettibili, tutti i deceduti, a seguito di morte naturale o altra causa indipendente dalla malattia oggetto di studio, escono dal sistema di tutti i compartimenti.

- I tassi di natalità e mortalità pro-capite sono assunti costanti e coincidenti, indicati con la lettera *m*.

Il modello, detto modello SIR con *dinamica stazionaria*, è descritto dal seguente sistema di equazioni differenziali:

$$\begin{cases} S'(t) = mN - aIS - mS \\ I'(t) = aSI - bI - mI \\ R'(t) = bI - mR \end{cases}$$

Dalla somma delle equazione si ottiene, ancora una volta, una popolazione totale N costante nel tempo, questo accade in virtù dell'aver scelto tasso di mortalità e nascita coincidenti[21].

Il numero riproduttivo di base in questo modello è:

$$R_0 = \frac{aN}{m+b},$$

---

[21] Maria Groppi, Rossella della Marca "Modelli epidemiologici e vaccinazioni: da Bernoulli a oggi", Matematica, Cultura e Società, Rivista dell'Unione Matematica Italiana. Serie 1, Vol.3. 2018.

essendo:

- *a* il tasso di infezione,

- *N* il numero totale di coloro che possono contrarre la malattia e

- *1/ (m + b)* il tempo di permanenza nel compartimento degli infetti.

La soglia $R_0 < 1$ è sufficiente a garantire l'estinguersi della malattia, per $R_0 > 1$ si dimostra che la malattia resterà endemica, con alternanza di fasi di ricostituzione demografica e fasi epidemiche, il che ben si adatta alla naturale storia di molte malattie infettive.[22]

Si introducono ora il tasso di nascita π e il tasso di morte μ, si assumono costanti ma non coincidenti.

È logico porre che ogni nuovo nato sia suscettibile e che μS, μI e μR siano rispettivamente i tassi di morte totale nelle classi dei suscettibili, infetti e rimossi.

Il modello SIR con demografia risulta:

$$(27) \qquad \begin{cases} S'(t) = \pi - aIS - \mu S \\ I'(t) = aSI - bI - \mu I \\ R'(t) = bI - \mu R \end{cases}$$

---

[22] Z.Wang, C.T. Bauch, S. Bhattacharya, A. d'Onofrio, P. Manfredi, M. Perc, N. Perra, M. Salathè: " Statistical physycs of vaccination", Physical Report, 1-113, 2016.

Ne consegue:

$$N' = S' + I' + R'$$

$$N' = \pi - aIS - \mu S + aSI - bI - \mu I + bI - \mu R$$

$$N' = \pi - \mu N.$$

La popolazione totale non è più costante, ma tende in maniera asintotica al valore dato dal rapporto tra il tasso di nascita e quello di morte.

Tale rapporto è detto _capacità portante_:

$$\text{Capacità portante} = \lim_{t \to \infty} N(t) = \frac{\pi}{\mu}.$$

La variazione della popolazione totale nell'unità di tempo risulterà:

$$(28) \qquad \frac{dN}{dt} = (\pi - \mu)\, N,$$

ovvero la popolazione crescerà o decrescerà in maniera esponenziale, a seconda che il tasso di nascita π sia maggiore o minore del tasso di morte μ.

I modelli che tengono della variazione del numero di individui sono più difficili da analizzare, poiché la popolazione totale diviene una nuova variabile che è governata da una equazione differenziale aggiuntiva _(28)_, tuttavia il caso di crescita o decrescita esponenziale ne rappresenta un caso semplice.

L'ipotesi di popolazione non costante risulta essere più realistica, infatti sono molte le malattie infettive che hanno avuto un forte impatto sulla popolazione totale. Basti pensare alla peste bubbonica del quattordicesimo secolo che causò il drastico calo del 25% della popolazione europea.

2.3 Il modello SIR a variabili adimensionali

La non dimensionalizzazione consiste nel rimuovere parzialmente o totalmente, mediante opportune sostituzioni di variabili, dimensioni fisiche da un'equazione che coinvolge quantità caratterizzate da diverse unità di misura. Ne deriva una semplificazione e parametrizzazione di problemi in cui sono coinvolte più unità di misura.

Il processo di adimensionalizzazione di una generica grandezza Ω viene effettuato ponendo la grandezza nella forma:

$$\Omega = (\Omega r)(\Omega^*),$$

dove Ωr è un valore di riferimento, ovvero rappresenta l'unità di misura della grandezza (dimensionale), e Ω^* rappresenta la misura della grandezza stessa (adimensionale).

Analizzando il sistema *(27)* è evidente che le quantità a comporre le equazioni hanno delle dimensioni.

In particolare entrambi i membri delle tre equazioni devono essere dimensionalmente espresse in termini di:

$$\frac{numero\ di\ persone}{tempo} = \text{n} \ / \ t^{-1}$$

- S e I sono misurati in numero di persone
- Π è misurato in numero di persone/tempo;
- μ e b sono misurati in 1/t;
- a ha le dimensioni di 1/(numero di persone)(tempo).

Al fine di adimensionalizzare il sistema si definisce la variabile adimensionale:

$$\check{T} = (b + \mu)\ t \ \rightarrow \ t = \check{T} \ / \ (b + \mu),$$

così si ha:

$$S(t) = S(\frac{\check{T}}{b+\mu}) = S°(\check{T})$$

$$I(t) = I(\frac{\check{T}}{b+\mu}) = I°(\check{T}).$$

Le dimensioni $S°$ e $I°$ hanno ancora come unità di misura il numero di persone. Per terminare il processo di adimensionalizzazione si usa il limite asintotico capacità

portante $\dfrac{\pi}{\mu}$ definendo:

$$x(t) = \frac{\pi}{\mu} S^\circ$$

$$y(t) = \frac{\pi}{\mu} I^\circ.$$

Infine si ottiene il sistema adimensionalizzato nella seguente
forma:

$$(29) \qquad \begin{cases} x'(t) = \rho(1-x) - R_0 xy \\ y' = (R_0 x - 1)y \end{cases}$$

dove:

$$(30) \qquad \rho = \frac{\mu}{b+\mu},$$

$$(31) \qquad R_0 = \frac{a\pi}{\mu(b+\mu)}$$

sono entrambi parametri adimensionali e R_0 è il *numero
riproduttivo di base*.

Si osserva che il numero dei parametri è stato ridotto
da quattro a due, pertanto il sistema adimensionale risulta
semplificato rispetto il sistema dimensionale *(27)*, pur
restando, i due sistemi, equivalenti avendo stesse soluzioni
per $t \to \infty$.

2.4 Il numero riproduttivo di base e punti di equilibrio

Il numero riproduttivo di base, indicato con R_0, rappresenta il numero medio di infezioni secondarie prodotte da ciascun individuo infetto in una popolazione completamente suscettibile mai venuta a contatto con la malattia. Il parametro R_0 indica la potenziale trasmissibilità di una malattia infettiva ed è funzione della probabilità di trasmissione da soggetti infetti a soggetti suscettibili:

$$R_0 = \frac{a\pi}{\mu(b+\mu)}$$

Dall'espressione matematica del parametro adimensionale R_0 si deduce facilmente che:

- - Una popolazione completamente suscettibile ha grandezza $\frac{\pi}{\mu}$,

  - $(b + \mu)$ rappresenta il tasso con cui un individuo dalla classe degli infetti viene annoverato nella classe dei rimossi, e quindi
- $1/(b + \mu)$ rappresenta il tempo medio che ogni individuo trascorre da infetto.

- Il numero di trasmissioni per unità di tempo è

aSI, supposto che sia unitario il numero di infetti

I il resto della popolazione è suscettibile, quindi

- $S = \dfrac{\pi}{\mu}$, allora il numero di trasmissioni per unità

di tempo indotte dal singolo infetto è $\dfrac{a\pi}{\mu(b+\mu)}$,

che risulta essere proprio l'espressione del

numero riproduttivo di base R_0 .

Il numero riproduttivo di base ha importanza

fondamentale in quanto fornisce informazioni circa la

diffusione di una malattia epidemica.

In particolare:

- - se $R_0 > 1$ la malattia diventa endemica,

  ossia rimane indefinitamente nella

  popolazione,

- - se $R_0 < 1$ il numero di infetti

  diminuirà asintoticamente a zero e la

  malattia smetterà la sua diffusione.

Dal punto di vista matematico il significato del

numero riproduttivo di base può essere dimostrato ottenendo

le soluzioni del sistema *(29)*.

Il modello SIR con demografia in realtà non può

essere risolto analiticamente ma è sempre possibile ottenere

informazioni circa l'andamento asintotico delle soluzioni

attraverso un'analisi di tipo qualitativo, in particolare è possibile di capire se una malattia tende a scomparire dalla popolazione oppure tende a divenire endemica.

Il sistema *(29)* può essere riscritto nella forma più generale:

$$(32) \qquad \begin{cases} x' = f(x;y) \\ y' = g(x;y) \end{cases}$$

essendo:

$$(33) \qquad \begin{cases} f(x;y) = x'(t) = \rho(1-x) - R_0 xy \\ g(x;y) = y' = (R_0 x - 1)y \end{cases}$$

Il comportamento asintotico delle soluzioni dipende dai punti di equilibrio, ossia dall'insieme dei punti $(x^*; y^*)$ tali che:

$$(34) \qquad \begin{cases} f(x^*; y^*) = 0 \\ g(x^*; y^*) = 0 \end{cases}$$

Tale punto, se è soluzione costante nel tempo del sistema di equazioni differenziali *(34)*, allora rappresenta l'andamento asintotico delle soluzioni del sistema stesso. Confrontando i sistemi *(33)* e *(34)*, quest'ultimo piò essere riscritto nel seguente modo:

$$\begin{cases} \rho(1-x) - R_0 xy = 0 \\ (R_0 x - 1)y = 0 \end{cases}$$

Supponendo il caso y = 0, ossia non vi sono infetti all'interno della popolazione S, si ricava dalla prima equazione la soluzione x = 1, essendo ρ mai nullo. Il primo punto di equilibrio è $\mathcal{E}_0 = (1, 0)$ e corrisponde all'equilibrio senza malattia.

Se y $\neq$ 0, ossia vi è almeno un soggetto infetto, dalla seconda equazione si ottiene la soluzione x = 1/ R_0 e, sostituendo nella prima, y = ρ $(1 - 1/ R_0)$.

Il secondo punto di equilibrio, detto equilibrio endemico, è:

$$\theta = (1 / R_0;\ \rho\ (1 - 1/ R_0)).$$

Si dimostra che l'equilibrio endemico, così definito, ha significato solo se $R_0 > 1$, trattandosi infatti di un problema di realtà, la grandezza ρ $(1 - 1/ R_0)$ non può assumere valori negativi.

Nel caso del modello SIR con demografia per $R_0 <$ 1 esiste il solo punto di equilibrio senza malattia, essendo priva di significato la soluzione dell'equilibrio endemico.

Dal punto di vista epidemiologico si sono così ottenute preziose informazioni circa l'andamento futuro della malattia, il punto di equilibrio endemico rappresenta l'andamento asintotico futuro dell'epidemia, in particolare in termini di numero di suscettibili (x) e numero di infetti (y) al tempo t.

Capitolo 3   Il modello SEIR

Il modello SIR con demografia è un modello elementare che, contemplando le sole classi dei suscettibili, infetti e rimossi, non è applicabile per analizzare le malattie che, per la loro complessità, prevedono un periodo di cosiddetta *"latenza"*.

La maggior parte delle malattie infettive evidenziano sintomi solo dopo un certo periodo di tempo, che in alcuni casi può raggiungere le due settimane.

Spesso, inoltre, dopo essere stati infettati dagli agenti patogeni di una certa malattia, non è immediato lo stato di infettivo, il patogeno ha bisogno di un certo tempo per replicarsi e stabilirsi nel nuovo ospite.

Nelle precedenti analisi si è supposto che l'infezione si propagasse istantaneamente da un individuo infetto ad uno suscettibile, si tratta di una semplificazione accettabile, tuttavia in situazioni più realistiche è necessario introdurre un nuovo compartimento, quello degli *esposti,* ossia di coloro che hanno contratto la malattia ma non sono ancora in grado di trasmetterla.

Nei casi reali infatti un individuo che contrae la malattia impiega alcuni giorni prima di avvertirne i sintomi e acquisire la capacità di trasmetterla a sua volta.

Il ciclo-tipo di una malattia può essere suddiviso in diverse fasi, alcune delle quali possono sovrapporsi. La figura soprastante rappresenta soltanto una schematizzazione estremamente semplificata degli eventi che si verificano in un animale ammalato in funzione del tempo.

- Esposizione: è l'evento iniziale che, nel caso delle malattie infettive, dà origine all' infezione.
- Periodo di incubazione: è il tempo che intercorre tra l'esposizione e la comparsa di sintomi clinici. Per le malattie non trasmissibili esso è detto periodo di latenza. Questo periodo varia ampiamente variabile in rapporto al tipo di agente, all'ospite e a numerosi altri fattori.
- Periodo prodromico: è il periodo di transizione tra lo stato di salute e quello di malattia, caratterizzato dai primi sintomi (spesso non specifici della malattia).
- Malattia clinica (o subclinica): in questo periodo i sintomi della malattia raggiungono la loro massima evidenza. Se i sintomi sono molto

marcati, la malattia è in "forma acuta"; se sono di minore intensità, allora la malattia è in "forma subacuta". Non sempre i sintomi sono presenti; nel caso in cui manchino, si parla di "malattia subclinica" o asintomatica.

- Regressione: è il periodo in cui i sintomi si fanno meno intensi; spesso la regressione è dovuta alla reazione dell'ospite (es. produzione di anticorpi). Tuttavia, è possibile che l'ospite non riesca a guarire completamente, e quindi la malattia entra in una lunga fase detta di «cronicizzazione», cioè acquisisce i caratteri della malattia cronica.

- Convalescenza e guarigione: in questa fase si ha il ristabilimento completo delle funzioni dell'organismo, che ritorna in stato di salute. Notare che alcune malattie provocano lesioni permanenti e quindi inibiscono una guarigione perfetta;

- Stato di portatore: ovviamente può realizzarsi soltanto nel caso delle malattie infettive: in questa fase, che in molti casi non si verifica, l'individuo alberga l'agente senza manifestare alcun segno di malattia[23].

---

[23] Prof. Ezio Bottarelli *"Cicli di una malattia trasmissibile"*, Quaderno di Epidemiologia, 26 Ottobre 2020.

3.1 Derivazione del modello

Considerata una popolazione di dimensione N, le persone possono successivamente passare attraverso quattro stati: lo stato suscettibile S, lo stato di esposto E, lo stato di infettivo I e lo stato guarito di R. Si noti che, anche in questo caso, il terzo stato R, se la malattia è fatale, è in realtà la morte.

Figura 20. Diagramma di flusso del Modello *SEIR*.

Un altro concetto epidemiologico fondamentale è il *periodo di incubazione*, che corrisponde all'intervallo di tempo tra l'infezione e il manifestarsi della malattia. È importante sottolineare che i due periodi, quello di latenza e incubazione, non necessariamente coincidono.

Per introdurre la classe degli esposti ci si deve rifare ad un'idea piuttosto semplice. Definiti suscettibili tutto coloro che, non avendo immunità per una determinata malattia, si considerano passibili di infezione, gli esposti sono coloro che, tra i suscettibili, sono venuti a contatto con il patogeno.

Per introdurre il periodo latente nel modello SIR, si considera la nuova classe E che segue quella dei suscettibili. Il modello SEIR è descritto da un sistema di quattro equazioni differenziali:

$$(35) \quad \begin{cases} S'(t) = \pi - aSI - \mu S \\ E'(t) = aSI - (\eta + \mu)E \\ I'(t) = \eta E - (b + \mu)I \\ R'(t) = bI - \mu R \end{cases}$$

Nel sistema è stato indicato con η il tasso per persona con cui si diventa infettivi successivamente ad una esposizione. Risulta così il rapporto $1 / \eta$ essere il periodo di latenza. Come nel modello SIR, si inserisce l'equazione che garantisce che la popolazione iniziale resti costante nel tempo:

$$N(t) + E(t) + I(t) + R(t) = N$$

Si scelgono inoltre come condizioni iniziali:

- $S(0) = S_0$, numero iniziale di suscettibili;

  $E(0) = 0$, essendo l'epidemia all'inizio non si rilevano esposti;

- $I(0) = I_0$, numero iniziale di infetti;

> R(0) = 0, essendo l'epidemia all'inizio non si rilevano rimossi.

Calcolare i punti di equilibrio, come nel modello SIR, equivale a determinare se l'epidemia si diffonderà o meno e se persisterà nel tempo raggiungendo l'equilibrio endemico. È possibile studiare i punti di equilibrio del sistema ponendo le derivate uguali a zero:

$$\begin{cases} \pi - aSI - \mu S = 0 \\ aSI - (\eta + \mu)E = 0 \\ \eta E - (b + \mu)I = 0 \\ bI - \mu R = 0 \end{cases} \quad (37)$$

Se $I = 0$ si ottiene il punto di equilibrio $\mathcal{E}_0 = (\frac{\pi}{\mu}, 0, 0, 0)$, che corrisponde a equilibrio senza malattia, i suscettibili sono dati dal rapporto tra il tasso di natalità π e quello di mortalità μ, non si rilevano né esposti né infetti e di conseguenza nessun rimosso.

Per determinare l'equilibrio endemico si isola E dalla terza equazione del sistema

$$E = \frac{b + \mu}{\eta}\, I,$$

sostituendo nella seconda equazione si ricava

$$S = \frac{(b + \mu)(\eta + \mu)}{a\eta},$$

esplicitando I dalla prima equazione

$$I = \frac{\pi}{aS} - \frac{\mu}{a},$$

infine sostituendo l'espressione di S in I si ha

$$I = \frac{\pi\eta}{(b+\mu)(\eta+\mu)} - \frac{\mu}{a} = \frac{\mu}{a}\,(R_0 - 1)$$

Si è definito numero riproduttivo di base $R_0 = \dfrac{\pi\eta a}{(b+\mu)(\eta+\mu)\mu}$

R_0 assume lo stesso significo epidemiologico del caso del modello SIR e rappresenta il numero di casi secondari dovuti ad ogni singolo individuo infettivo in una popolazione di suscettibili.

Il sistema ha un unico punto di equilibrio endemico $\theta = (S°,$ $E°, I°, R°)$ di coordinate cartesiane (x,y,z):

$$\begin{cases} S° = \dfrac{(b+\mu)(\eta+\mu)}{a\eta} \\[2mm] E° = \dfrac{(b+\mu)\mu}{\eta a}(R_0 - 1) \\[2mm] I° = \dfrac{\mu}{a}(R_0 - 1) \\[2mm] R° = \dfrac{b}{a}(R_0 - 1) \end{cases} \qquad (38)$$

Il punto $\theta = (S°, E°, I°, R°)$, in analogia con il concetto di *soglia critica*, del modello SIR endemico e date le sue caratteristiche, evidenzia che se $R_0 > 1$ l'epidemia non si estinguerà ma persisterà nel tempo divenendo endemica, se $R_0 < 1$, l'espressione di $I°$, $E°$ e $R°$ del sistema (38) assumerebbe valori negativi, soluzioni prive di significato relativamente a classi di individui.

3.2 Analisi locale e punti di equilibrio

I punti di equilibrio possono essere classificati in virtù della loro stabilità.

Un punto di equilibrio è considerato stabile se tutte le soluzioni ad essa vicine restano vicine, asintoticamente stabile se esse hanno anche lo stesso limite.

Definizione: il punto di equilibrio $\hat{E} = (x^*, y^*, z^*) = \overline{\overline{x}}^*$ si dice *localmente stabile* se, comunque preso un dato iniziale $(x(t_0), y(t_0), z(t_0)) = \overline{\overline{x}}_0$ sufficientemente vicino a $\overline{\overline{x}}^*$, le soluzioni del sistema di equazioni $(x(t), y(t), z(t)) = \overline{\overline{x}}(t)$ restano vicine a $\overline{\overline{x}}$. Ovvero se:

$$\forall \, \mathcal{E} > 0, \, \exists \, \delta(\mathcal{E}) > 0, \, tale \ che:$$

$$\|\overline{\overline{x}}^* - \overline{\overline{x}}_0\| < \delta(\mathcal{E}) \Rightarrow \|\overline{\overline{x}}(t) - \overline{\overline{x}}_0\| < \mathcal{E}, \, \forall \, t > t_0.$$

Definizione: il punto di equilibrio $\hat{E} = (x^*, y^*, z^*) = \overline{\overline{x}}^*$ si dice *localmente asintoticamente stabile* se è stabile e se, data una soluzione del sistema $\overline{\overline{x}}(t)$ si ha:

$$\forall \, b > 0 \ e \ costante:$$

$$\|\overline{\overline{x}}^* - \overline{\overline{x}}_0\| < b \Rightarrow \lim_{t \to \infty} \|\overline{\overline{x}}^* - \overline{\overline{x}}(t)\| = 0.$$

<u>*Teorema di stabilità locale*</u>:

Se $R_0 < 1$ allora esiste d unico il punto di equilibrio, ossia quello senza malattia $\mathcal{E}_0 = (\frac{\pi}{\mu}, 0, 0, 0)$: esso è *localmente asintoticamente stabile.*

Se $R_0 > 1$, esistono due punti di equilibrio, quello senza malattia $\mathcal{E}_0 = (\frac{\pi}{\mu}, 0, 0, 0)$, che è instabile, e quello endemico $\theta = (S°, E°, I°, R°)$, che è *localmente asintoticamente stabile.*

Per studiare la stabilità locale delle soluzioni occorre introdurre due fondamentali teoremi che descrivono il comportamento di un sistema dinamico nell'intorno di un punto di equilibrio.

Il primo teorema fondamentale è il <u>*Teorema di Hartman-Grobman (o teorema di linearizzazione)*</u> il cui enunciato afferma che le soluzioni di un sistema autonomo $n \times n$ di equazioni differenziali ordinarie attorno ad un punto di equilibrio sono qualitativamente simili a quelle del sistema linearizzato attorno a quel punto.

Questo vale se e solo se nessun autovalore della matrice J, la matrice Jacobiana valutata nel punto di equilibrio, ha parte reale nulla.

Il secondo teorema fondamentale è il _Teorema dell'equilibrio localmente asintoticamente stabile_, il cui enunciato afferma che è condizione necessaria e sufficiente, affinché un punto di equilibrio sia localmente asintoticamente stabile, è che tutti gli autovalori della matrice Jacobiana valutata nel punto di equilibrio abbiano parte reale negativa[24].

Dato il sistema di equazioni differenziali (37):

$$\begin{cases} \pi - aSI - \mu S = 0 \\ aSI - (\eta + \mu)E = 0 \\ \eta E - (b + \mu)I = 0 \\ bI - \mu R = 0 \end{cases}$$

La matrice Jacobiana del sistema (37) è:

$$J = \begin{pmatrix} -aI & 0 & -aS & 0 \\ aI & -(\eta + \mu) & aS & 0 \\ 0 & \eta & -(b + \mu) & 0 \\ 0 & 0 & b & -\mu \end{pmatrix}$$

Per determinare la stabilità locale dell'equilibrio senza malattia si studia la matrice Jacobiana in $\varepsilon_0 = (\frac{\pi}{\mu}, 0, 0, 0)$.

---

[24] S. Wiggins, "Introduction to applied nonlinear Dynamical system and chaos". Spring Scienze & Business Media. 2003.

La matrice Jacobiana in $\mathcal{E}_0 = (\frac{\pi}{\mu}, 0, 0, 0)$ è la seguente:

$$J(\mathcal{E}_0) = \begin{pmatrix} -\mu & 0 & -a\dfrac{\pi}{\mu} & 0 \\ 0 & -(\eta + \mu) & a\dfrac{\pi}{\mu} & 0 \\ 0 & \eta & -(b + \mu) & 0 \\ 0 & 0 & b & -\mu \end{pmatrix}$$

La cui equazione caratteristica $\| J(\mathcal{E}_0) - \lambda I \|$ ha due radici uguali a $-\mu$, le altre sono soluzione della seguente equazione :

$$(\eta + \mu + \lambda)(a + \mu + \lambda) - a(\eta \frac{\pi}{\mu}) = 0$$

Tale equazione ha una soluzione reale positiva se $R_0 > 1$ e due radici reali negative o complesse coniugate con parti reali negative se $R_0 < 1$. Se ne deduce, per il teorema dell'equilibrio localmente asintoticamente stabile, che $\mathcal{E}_0$ è instabile se $R_0 > 1$, localmente asintoticamente stabile se $R_0 < 1$[25].

---

[25] Ivi.

Anche nel caso si voglia analizzare la stabilità locale relativa al punto di equilibrio endemico, l'approccio è la valutazione della matrice Jacobiana, in questo caso nel punto $\theta = (S^\circ, E^\circ, I^\circ, R^\circ)$.

Si giunge a calcolare $\| J(\theta) - \lambda I \|$ con procedimenti del tutto analoghi ai precedenti svolti per l'equilibrio senza malattia in $\mathcal{E}_0 = (\dfrac{\pi}{\mu}, 0, 0, 0)$.

Si giunge, in entrambi i casi, a soluzioni in completo accordo con il _Teorema di stabilità locale._

3.3 Analisi globale e funzione di Lyapunov

Per introdurre il concetto di analisi globale possiamo riferirci in maniera generale ad una qualsiasi proprietà di una funzione.

Una determinata proprietà di una funzione $f(x)$ è *locale* se dipende dal comportamento della funzione nell'intorno di un determinato punto x_0, continuità e derivabilità in x_0 sono, ad esempio, proprietà locali. Una determinata proprietà di una funzione *f(x) è globale* se vale in tutto l'insieme di definizione della funzione stessa, monotonia e invertibilità sono, ad esempio, proprietà globali.

È possibile studiare la stabilità globale degli equilibri attraverso una funzione di Lyapunov. Introdotta dal matematico e fisico russo Aleksandr Michajlovič Lyapunov, si dice funzione di Lyapunov la funzione scalare utilizzata per studiare la stabilità di un punto di equilibrio di un sistema dinamico, generalmente descritto da un'equazione differenziale ordinaria autonoma.

Il cosiddetto metodo di Lyapunov, affonda le sue origini nella meccanica classica: se l'energia di un sistema fisico isolato è decrescente per ognuno dei suoi stati, eccettuato quello di equilibrio, allora essa decrescerà fino ad arrivare al suo minimo, che coincide proprio con la condizione di equilibrio. Per generalizzare questa idea, Lyapunov introdusse delle funzioni di stato rappresentanti l'energia, di segno costante e decrescenti lungo le traiettorie di un sistema di equazioni differenziali: tali particolari funzioni prenderanno il nome di funzioni di Lyapunov.

È necessario introdurre i due criteri di stabilità per sistemi non lineari:

- *Primo criterio di Lyapunov* (metodo ridotto) prevede che l'analisi della stabilità di un punto di equilibrio x_0 viene ricondotta allo studio della stabilità del corrispondente sistema linearizzato nell'intorno di quel punto di equilibrio.

- *Secondo criterio di Lyapunov* (metodo diretto) prevede che l'analisi della stabilità di un punto di equilibrio x_0 viene fatta utilizzando, oltre alle equazioni di stato del sistema, opportune funzioni scalari, dette funzioni di Lyapunov.

Occorre ora introdurre due importanti definizioni:

- *Definizione*: sia x^* un punto di equilibrio per x' = f(x), con $f : x \in R^n \to f(x) \in R^n$. sia ora $V(x)$ con $V : x \in R^n \to V(x) \in R$ è funzione scalare continua.

  $V(x)$ si dice radialmente non limitate se:

  $$\lim_{\|x\| \to \infty} V(x^*) = 0.$$

- _Definizione_: sia x^* un punto di equilibrio per x' = f(x),

  con $f : x \in R^n \longrightarrow f(x) \in R^n$. sia ora $V(x)$ con V :

  $x \in R^n \longrightarrow V(x) \in R$ è funzione scalare continua.

  $V(x)$ si dice globalmente definita positiva se:

$$V(x^*) = 0 \quad e \quad V(x) > 0 \ \forall \, x \neq x^*$$

Se si definiscono le derivate di $V(x)$ lungo le soluzioni del sistema $x' = f(x)$ come:

$$V'(x) = \frac{dV(x(t))}{dt} = \frac{\partial V}{\partial x}\frac{dx}{dt}$$

allora si ha il seguente teorema:

Teorema di Lyapunov: se $V(x)$ è globalmente definita positiva, radialmente non limitata ed è tale che $V'(x) < 0 \ \forall \, x \neq x^*$ allora $V(x)$ è detta funzione di Lyapunov e il punto di equilibrio x^* è globalmente stabile.

L'analisi globale di un modello SEIR prevede dapprima lo studio dell'equilibrio senza malattia nel caso in cui $R_0 < 1$. A tal fine è sufficiente considerare lo spazio continuo delle tre variabili (S, E, I) dell'intero modello, è logico ritenere che se l'equilibrio senza malattia è stabile per le prime tre classi allora si ha R tendente a zero, dunque l'equilibrio sarà globalmente stabile per tutto il modello.

Essendo tre le classi ed essendo queste sempre non negative, si tratta infatti di valori riferiti a numero di persone, si lavora in R^3_+ .

Si determina quindi una possibile funzione di Lyapunov:

$$V = k\left(S - S^* - S^* ln\frac{S}{S^*}\right) + \frac{1}{(\eta + \mu)}E + \frac{1}{\eta}I \quad (39)$$

dove k è un parametro positivo da determinare, $S^* = \frac{\pi}{\mu}$ e $V = 0$ se valutata all'equilibrio senza malattia $\mathcal{E}_0 = (\frac{\pi}{\mu}, 0, 0)$.

Al fine di determinare se $V > 0$ $\forall (S, E, I) \neq (\frac{\pi}{\mu}, 0, 0)$ è sufficiente osservare che

$$k\left(S - S^* - S^* ln\frac{S}{S^*}\right) > 0 \quad \forall S \neq \frac{\pi}{\mu}$$

essendo la funzione $g(x) = x - 1 - ln(x)$ funzione a minimo globale in $x = 1$, tale che $g(1) = 0$, quindi $g(x) > 0$, $\forall x \neq 1$. I restanti due termini della (39) sono sempre positivi, come facilmente dimostrabile essendo prodotti di reciproci di tassi e numeri di persone.

Si procede ora con lo studio della derivata prima della funzione di Lyapunov rispetto al tempo t.

$$\frac{dV}{dt} = k\left(1 - \frac{S^*}{S}\right)S' + \frac{1}{\eta + \mu}\,E' + \frac{1}{\eta}\,I' =$$

$$= k\left(1 - \frac{S^*}{S}\right)(\pi - aSI - \mu S) + \frac{aSI - (\eta + \mu)E}{\eta + \mu} + \frac{\eta E - (a + \mu)I}{\eta} =$$

$$= 2k\pi - akSI - k\mu S - \frac{\pi^2 K}{\mu S} + \frac{\pi ak}{\mu}I + \frac{a}{\eta + \mu}SI - \frac{a + \mu}{\eta}I.$$

Se si sceglie $k = \dfrac{1}{\mu + \eta}$, con opportuni raccoglimenti e

semplificazioni, l'espressione $\dfrac{dV}{dt}$ può essere riscritta come:

$$\frac{dV}{dt} = -k\,\pi\left(\frac{\pi}{\mu S} + \frac{\mu S}{\pi} - 2\right) + \frac{b + \mu}{\eta}(R_0 - 1)I$$

Essendo nel caso analizzato $R_0 < 1$ il secondo termine

dell'espressione è negativo. Il primo termine $\left(\dfrac{\pi}{\mu S} + \dfrac{\mu S}{\pi} - 2\right)$,

ponendo $\dfrac{\pi}{\mu S} = x$ può essere ricondotto alla forma:

$$x + \frac{1}{x} - 2 = \frac{x^2 - 2x + 1}{x} = \frac{(x+1)^2}{x} > 0 \,, \quad \forall x \in R$$

ne risulta dunque

$$-k\,\pi\left(\frac{\pi}{\mu S} + \frac{\mu S}{\pi} - 2\right) < 0.$$

Qualsiasi siano i valori dei tassi, essendo comunque definiti positivi. Si è così ottenuto $V' < 0 \;\; \forall\,(S, E, I) \neq (S^*, 0, 0)$.
È così verificato l'equilibrio globalmente stabile senza malattia, in accordo con il teorema di Lyapunov.

Per quanto riguarda l'equilibrio endemico $\theta = (S°, E°, I°, R°)$, che esiste per $R_0 > 1$, per lo stesso motivo del caso precedente è sufficiente considerare solo le prime tre componenti $(S°, E°, I°)$ su R^3_+.

Una possibile funzione di Lyapunov è:

$$V = k_1 \left(S - S^* - S^* ln\frac{S}{S^*}\right) + k_2 \left(E - E° - E° ln\frac{E}{E°}\right) + k_3\left(I - I° - I° ln\frac{I}{I°}\right)$$

Con passaggi multipli e del tutto analoghi a quelli del caso precedente, si giunge alla che per $R_0 > 1$ l'equilibrio endemico θ è globalmente asintoticamente stabile.

I modelli considerati risultano essere asintoticamente stabili sotto le due ipotesi che il sistema trattato sia autonomo e che il numero di individui che compongono la popolazione sia costante. Questa ipotesi, tuttavia, pone una forte restrizione sugli studi fatti, poiché in un gruppo di individui nella realtà i tassi di natalità e mortalità non hanno alcun legame, mentre nelle formalizzazioni esposte vengono considerati uguali. Essa è giustificata dal fatto che i processi di malattia e le conseguenti morti dovute ad essa sono una frazione molto ridotta rispetto ai processi demografici. Si osserva, tuttavia, che queste modellizzazioni sono applicabili a sistemi in cui i tassi di natalità e mortalità non coincidono attraverso piccole variazioni dei coefficienti che definiscono le funzioni di

Lyapunov utilizzate per dimostrare la stabilità degli stati di equilibrio, sia endemico che privi di malattia.

Capitolo 4   Il nuovo coronavirus

Seppur l'emergenza sanitaria appare oggi contenuta, quotidianamente le principali testate giornalistiche travolgono e smentiscono dati e previsioni, misure e norme.

L'aspetto più impressionante della pandemia da COVID-19 è che, nonostante la storia dell'uomo sia stata costellata da terribili epidemie, nonostante i progressi scientifici, nonostante la possibilità di un istantaneo controllo sulla popolazione e i suoi spostamenti, nonostante la velocità con cui corrono le informazioni da una parte all'altra del mondo, questa ha colto il mondo intero impreparato.

La diffusione della malattia infettiva a livello globale ha portato shock economici e sociali i cui effetti resteranno indelebili a lungo e che ha colpito indistintamente i paesi più poveri e le economie più forti.

Una situazione del tutto inaspettata che può essere descritta con un gioco di parole:

"Se le economie forti starnutiscono, il mondo si prende un bel raffreddore"[26].

Le misure restrittive adottate per il contenimento della pandemia hanno portato a variazioni dello stile di vita, le relazioni interpersonali sono state ridotte al minimo, ansia dovuta alla crisi sanitaria ed incertezza economica hanno profondamente segnato la nostra società.

---

[26] Richard Baldwin, Beatrice Weder di Mauro "Economics in the Time of Covid-19", Londra, CEPR Press,2020.

4.1 SARS-CoV-19, generalità sul nuovo coronavirus

COVID-19 è il nome associato alla malattia indotta dal virus SARS-CoV-2, nuovo ceppo di coronavirus in precedenza mai rilevato nell'uomo, dall'acronimo nome inglese Corona Virus Disease e il numero 19 indica l'anno in cui il virus è stato, per la prima volta, identificato. I coronavirus sono virus che circolano tra gli animali e alcuni di essi infettano anche l'uomo.

Vari studi hanno dimostrato che anche questo nuovo ceppo di coronavirus ha fatto il salto di specie, anche se l'origine è ad oggi ancora incerta, l'ipotesi più accreditata è che si tratti di una zoonosi, ossia un coronavirus proveniente da una fonte animale.

Si tratta di virus che circolano tra gli animali e alcuni di essi infettano anche l'uomo, i pipistrelli sono considerati ospiti naturali di questi virus, ma anche molte altre specie di animali ne sono considerate fonti[27]. Ad esempio, il Coronavirus della sindrome respiratoria del Medio Oriente (MERS-CoV) viene trasmesso all'uomo dai cammelli e la sindrome respiratoria acuta grave Coronavirus-1 viene trasmessa all'uomo dallo zibetto.

---

[27] Ministero della Salute "Covid-19", Gazzetta ufficiale. Decreto per il potenziamento del SSN, 2020.

Il nuovo Coronavirus appartiene alla stessa famiglia di virus della Sindrome Respiratoria Acuta Grave (SARS), registrata per la prima volta in Cina nel 2002, a differenza di quest'ultimo è meno virulento, con un tasso di mortalità inferiore e più lunghi periodi di incubazione[28].

Il ceppo responsabile della pandemia è stato identificato per la prima volta nel gennaio 2020 nella città di Wuhan in Cina, dapprima denominato "Nuovo Coronavirus di Wuhan", l'11 febbraio 2020 l'Organizzazione Mondiale Della sanità ha annunciato che la malattia respiratoria causata dal nuovo coronavirus è univocamente chiamata COVID-19, nome scelto per evitare riferimenti a una specifica posizione geografica, in linea con le raccomandazioni internazionali per la denominazione che sono volte a prevenire la stigmatizzazione[29].

A marzo 2020 il tasso di mortalità non è ancora ben chiaro, tende a cambiare nel tempo, e la percentuale delle infezioni che progrediscono verso una malattia diagnosticabile rimane non definita, mentre la ricerca preliminare sul Covid-19 ha rilevato un tasso di letalità tra il

---

[28] Guarner e Jannette, "Three emerging coronavirus in two decades: the story of SARS, MERS, and now COVID-19". Febbraio 2020, American Journal of Clinical Pathology.

[29] Shibo Jiang, Zhengli Shi, Jingdong Song, George F. Gao, Wenjie Tan, Dayin Guo, "A distinct name is needed for the new coronavirus". Lancet, 2020, PMC PubMed Central.

9% e l'11%. Uno studio effettuato su 55 casi fatali ha rilevato che le prime stime sulla letalità potrebbero essere troppo elevate poiché non sono state prese in considerazione le infezioni asintomatiche stimando, dunque, un tasso di letalità, ossia la mortalità tra gli infetti, compreso tra lo 0,8% includendo i portatori asintomatici e il 18% includendo solo i casi sintomatici della provincia di Hubei. Il 22 marzo del 2020, un approccio modellistico basato su dati francesi fornisce un tasso di letalità dello 0.8%[30]. Le infezioni sono state segnalate in gran parte del mondo occidentale e Asia, principalmente in coloro che provenivano dalla Cina continentale, con trasmissioni riscontrate in gran parte del resto del mondo.

A partire dall'11 febbraio 2020 la Cina continentale è dichiarata area con trasmissione di comunità in corso, il 20 febbraio 2020 in Italia un paziente di 35 anni è stato trovato positivo al virus mentre già ricoverato in unità intensiva dell'Ospedale di Codogno, in provincia di Lodi. Il giorno seguente nella stessa città sono stati trovati altri 36 casi di positività senza che fosse possibile stabilire un diretto collegamento con il caso precedente. L'individuazione di questo gruppo di persone infette ha segnato l'origine del

---

[30] Lionel Roques "Using early data to estimate the actual infection fatality ratio from COVID-19 in France", PMC PubMed central, Maggio 2020.

maggior focolaio al di fuori della Cina. Nelle settimane successive focolai sono stati individuati nella maggior parte dei paesi occidentali e l'11 marzo 2020, l'Organizzazione Mondiale della Sanità ha modificato lo stato dell'infezione da SARS-CoV-2 portandolo da epidemia a pandemia[31].

Ad oggi la situazione è migliorata sul numero dei casi di contagio, ma si mantiene costante la presenza virus.

I virus che causano l'influenza stagionale ed il nuovo Coronavirus vengono trasmessi da persona a persona e possono evidenziare sintomi molto simili, tuttavia sono molto diversi tra loro e non si comportano nello stesso modo, essendo molto difficile riconoscerli in base alla sintomatologia, sono stati sviluppati specifici test per confermare una diagnosi.

A differenza della comune influenza stagionale, per il COVID-19, non esisteva un vaccino prima della sua comparsa. Oggi esistono diverse tipologie di vaccino, mentre non è stata ancora introdotta una specifica terapia farmacologica per contrastare il virus nei soggetti infetti. Inoltre, poiché si tratta di un nuovo virus, la popolazione è potenzialmente tutta suscettibile all'infezione, non essendo presente alcuna immunità pregressa.

---

[31] WHO. "Director-General's opening remarks at the media briefing on COVID-19", 11 marzo 2020.

La trasmissione da persona a persona può avvenire in maniera diretta per contatto, attraverso secrezioni della bocca o del naso, o indiretta attraverso oggetti o superfici contaminate.

L'infezione da COVID-19 si manifesta nell'uomo in diversi modi, tuttavia i più comuni sintomi sono febbre, tosse secca, gola infiammata e stanchezza, meno comuni sono congiuntivite, mal di testa, perdita del gusto e dell'olfatto.

La maggior parte delle persone infette sviluppa una malattia da lieve a moderata e guarisce senza ricovero, sintomi più gravi che si possono manifestare e che necessitano del ricovero del paziente in terapia intensiva, sono difficoltà respiratoria, dolore e pressione al petto e perdita di parola o movimento.

In genere occorrono dai 5 ai 7 giorni da quando un soggetto è stato infettato dal virus prima che i sintomi si manifestano, tuttavia possono essere necessari sino a 14 giorni.

Il primo isolamento documentato di CoV-2 a partire dai campioni prelevati di pazienti infetti è stato realizzato all'ospedale Spallanzani di Roma e ha permesso di intraprendere lo studio del nuovo agente patogeno virale in numerosi laboratori a livello internazionale.

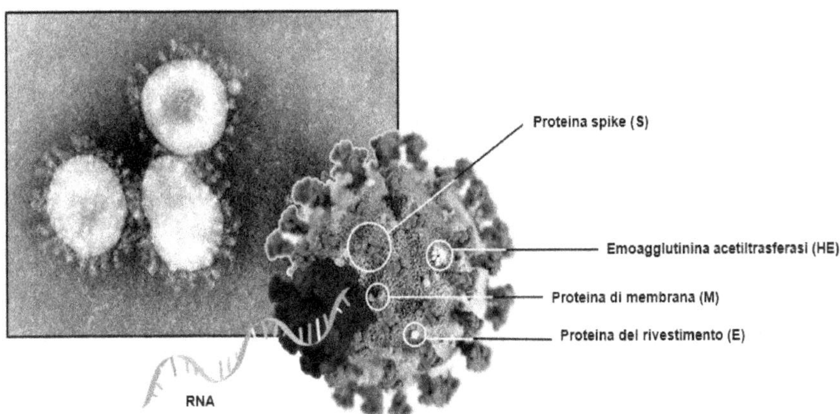

Figura 21. Le particelle virali appaiono bianche circondate da un fondo nero. Sono visibili le proteine Spike che "decorano" la superficie e che conferiscono al virione la caratteristica forma a corona. La ricostruzione grafica al centro dell'immagine mostra l'architettura molecolare del virus SARS-CoV-2. Il capside virale *(in grigio),* che contiene l'RNA a singolo filamento associato alle proteine del nucleocapside, è costituito da un doppio strato lipidico in cui sono inserite le proteine di superficie. Immagine al microscopio elettronico a trasmissione di un coronavirus: Sylvia Whitfield; disegno adattato e commentato: Alissa Eckert, Dan Higgins.

Il CoV-2 fa parte dei β-coronavirus, costituiti da un RNA a singolo filamento con senso positivo, una particella virale, detta virione, di CoV-2 ha un nucleocapside composto da RNA genomico e ricoperto da proteine fosforilate che interagiscono con la membrana virale durante l'assemblaggio del virione, giocando un ruolo critico nel potenziare la replicazione del virus.

L'RNA genomico e il nucleocapside sono avvolti da un doppio strato di fosfolipidi in cui sono immerse diverse proteine coinvolte nell'infezione e nella replicazione: la proteina Spike, la proteina di membrana, l'emoagglutinina esterasi e la proteina del rivestimento.

La particella virale ha un diametro di circa 60-90 nanometri e appare rotonda o ovale.

Durante l'infezione della cellula ospite, il genoma virale agisce come RNA messaggero e dirige la sintesi de due grandi proteine che contengono proteine più piccole necessarie alla produzione di nuove particelle virali all'interno delle cellule infette. Tale insieme di proteine assicura la proliferazione del virus all'interno dell'organismo ospite, e comprende: un complesso di replicazione e trascrizione, e diverse proteine strutturali necessarie a costruire nuovi virioni. La proteina Spike è una delle più interessanti e studiate tra quelle che contribuiscono al legame con il recettore dell'ospite e alla patogenesi virale.

I virus evolvono continuamente le proteine della loro superficie per potenziare la loro interazione con i recettori sulle cellule ospiti ed entrare in esse con il meccanismo chiave-serratura. Questo è anche il caso della proteina Spike di CoV-19, la chiave, e del recettore umano Angiotensin Converting Enzyme-2, la serratura.

La proteina Spike decora la superficie del virus ed è responsabile dell'aspetto a corona della superficie virale, da cui il nome coronavirus. Questa è usata come una chiave per entrare nella cellula ospite, agisce legando il recettore sulle cellule bersaglio, indice l'endocitosi dei virioni e catalizza la fusione tra le membrane cellulari e virali, assicurando l'ingresso dell'RNA genomico virale nel citoplasma delle cellule. La proteina Spike rappresenta anche il bersaglio principale del sistema immunitario, attivandolo e inducendo la produzione di anticorpi, per questa ragione è importante la sua conoscenza al fine di terapie farmacologiche o vaccini[32].

La disponibilità dell'intera sequenza genomica e di più isolati virali messi a disposizione della comunità scientifica internazionale, ha permesso di arrivare velocemente ad affinare le conoscenze sulle caratteristiche peculiari del nuovo coronavirus, in particolare per la messa a punto di test diagnostici e lo screening di potenziali farmaci nonché la produzione di vaccini. I risultati hanno mostrato che il SARS-CoV-19 condivide per circa il 79% la sequenza genomica del coronavirus della SARS e per circa il 96% quella di un

---

[32] Linda Celeste Montemiglio, Adele Di Matteo, Carmelinda Savino, barbara Illi, Andrea Ilari: "SARS-CoV-2: Frontiere della ricerca", Zanichelli SIBBM, 23 Agosto 2020.

coronavirus dei pipistrelli. Poiché il virus diffusosi in tutto il mondo ha la stessa sequenza del virus originariamente isolato a Wuhan, si può dedurre che è avvenuto un solo evento di passaggio di specie, inoltre il SARS-CoV-19 condivide coronavirus della SARS lo stesso recettore di ingresso delle cellule, l'ACE-2.

La comunità scientifica internazionale ha accettato l'ipotesi dello spillover del nuovo virus, ossia il passaggio naturale noto come salto di specie che dà origine alle zoonosi, malattie che si trasmettono dagli animali all'uomo.

Lo spillover avviene dopo un contatto prolungato tra l'uomo e l'animale portatore del patogeno originale e possono essere necessari vari tentativi di salto da parte di ceppi virali che mutano casualmente sino ad evolvere in un ceppo nuovo in grado di infettare l'essere umano.

Più prolungata e ravvicinata è l'esposizione uomo-animale più aumenta la probabilità che avvenga uno spillover.

4.2 Principali cause di trasmissione e fattore iniziale di diffusione

Come per altri virus respiratori stagionali inclusi i CoVS responsabili di infezioni delle prime vie aeree che solitamente causano sintomi lievi, le principali modalità di trasmissione del SARS-CoV-2 sono rappresentate dalla via aerea e dal contatto diretto.

La trasmissione per via aerea rappresenta la via di contagio dell'infezione più importante. Il contagio avviene entro 5-7 giorni dall'esposizione da una persona all'altra, attraverso *droplets*, ossia goccioline di saliva generate dalle vie aeree superiori di persone affette da COVID-19 sintomatici o asintomatici in fase di incubazione. Occorre sottolineare che le infezioni asintomatiche rappresentano una importante fonte di contagio, alcuni modelli matematici previsionali stimano che l'80% dei contagi possa essere avvenuto da soggetti non indentificati come positivi al virus. In questa categoria ricadono sia coloro che non avevano sintomi, sia persone con lievi sintomi ma non sottoposti a indagini mediche. Si ritiene non sia possibile stimare la quota di contagi dovuta ai soggetti asintomatici anche in virtù del fatto che esistono diverse tipologie di asintomatici. Vi sono, infatti, soggetti che sono asintomatici e restano tali per tutto il decorso della malattia, probabilmente perché hanno una bassa carica virale e quindi una bassa probabilità di contagiare, altri asintomatici dopo qualche giorno sviluppano i sintomi, i cosiddetti pre-sintomatici che presentano una più alta carica virale con una conseguente maggiore probabilità di essere contagiosi, infine vi sono i paucisintomatici, soggetti che presentano lievissimi sintomi e che possono passare inosservati ma con una carica virale alta. Le ricerche sull'infezione asintomatica è attualmente in corso in tutto il mondo.[33] Oltre all'infezione attraverso *droplets,* goccioline grandi di diametro superiore a *100 µm,* c'è evidenza scientifica di trasmissione attraverso *l'aerosol,* goccioline di diametro variabile ma inferiore ai *100 µm,* che a causa dell'evaporazione in ambiente riescono a galleggiare in aria un tempo sufficiente ad essere inalate, anche a distanza dalla fonte che le ha emesse. In particolare l'emissione di aerosol avviene a seguito di generazione dai bronchioli durante la semplice respirazione, non è necessario dunque che il soggetto tossisca, starnutisca o parli. Inoltre poiché, come per altri patogeni, la concentrazione di carica virale tende a crescere nel passare dai droplets all'aerosol, ossia la diminuire

---

[33] Prof. Carlo Contini, Prof. Luciano Fadiga "Modalità di contagio COVID-19", Dipartimento di Scienze Mediche", pubblicazione Università degli Studi di Ferrara, 7 dicembre 2020.

delle dimensioni delle goccioline, ad oggi la via aerea viene ritenuta una via rilevante di contagio. L'aria espulsa con un colpo di tosse viaggia alla velocità di oltre *80 Km/h* e trasporta sino a *3.000* droplets. Uno starnuto invece può arrivare a *150 Km/h* e può espellere sino a *40.000* droplets infette. Le goccioline più grandi rimangono sospese nell'aria per poco tempo e sono in grado di percorrere una breve distanza, massimo 1-2 metri, poi cadono per terra per effetto della gravità. Le particelle virali contenute nelle goccioline più piccole e costituenti gli aerosol generati da persone infette, possono fluttuare nell'aria come sospese in una nube, non cadono per terra, e possono essere inspirate da coloro che vi stanno vicino, soprattutto negli ambienti chiusi e non ventilati, andando così incontro a contagio. Per tale ragione, tutti i luoghi chiusi e soprattutto senza o con scarso ricambio d'aria, possono essere considerati luoghi a rischio per la diffusione di SARS-CoV-2. Sulla base di recenti studi, stare a lungo in un luogo chiuso con una persona infetta che respira la stessa aria e che non indossa la mascherina o non mantiene un ragionevole distanziamento, aumenta il rischio di infezione. Ciò dimostra un fatto molto rilevante: il tempo di esposizione al virus è un fattore chiave nella diffusione delle infezioni.

Il SARS-CoV-19 si può trasmettere anche per contatto indiretto, toccando con le mani oggetti o superfici contaminate da secrezioni salivari, nasali o da espettorato di persone infette. Dati sperimentali recenti, relativi alla persistenza del virus SARS-CoV-2, suggeriscono la presenza di particelle virali infettanti fino a mezz'ora sulla carta da stampa, un giorno sul tessuto e legno, due giorni sulle banconote e sul vetro e fino a quattro giorni sulla plastica, mostrando anche un decadimento esponenziale del titolo virale nel tempo. Tuttavia è anche stata accertata la facilità di inattivazione di SARS-CoV-19 nell'arco di pochi minuti con procedure di disinfezione delle superfici con etanolo, perossido di idrogeno e ipoclorito di sodio.

Le attuali evidenze scientifiche suggeriscono che la trasmissione attraverso superfici contaminate non contribuisce in maniera prevalente alle nuove infezioni, la modalità di trasmissione ad oggi più importante risulta essere la via aerea.

Il fattore iniziale di trasmissione, o numero di riproduzione, di una malattia infettiva rappresenta il numero medio di infezioni trasmesse da ogni individuo infetto ad inizio pandemia, ossia in una fase in cui normalmente non sono effettuate specifici interventi per il controllo del fenomeno infettivo.

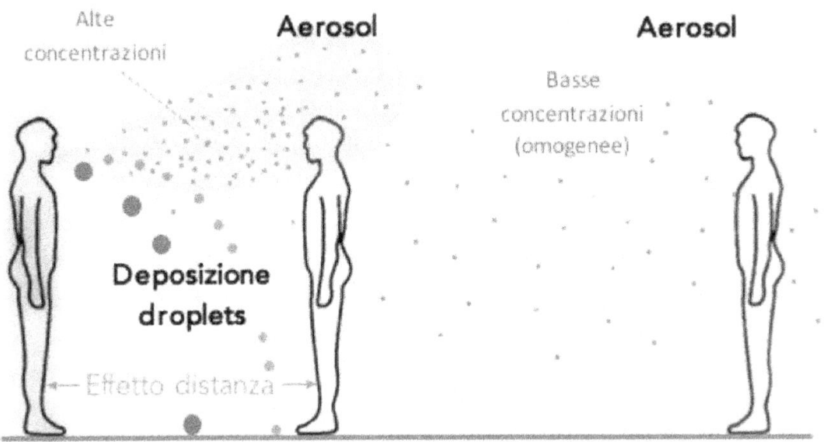

Figura 22: Modalità di trasmissione delle goccioline respiratorie. Mega Italia Media, 23 giugno 2021, Roma.

Tale numero, indicato con R_0, rappresenta quindi il potenziale di trasmissione, o trasmissibilità, di una malattia infettiva non controllata. Tale valore è funzione della probabilità di trasmissione per ogni singolo contatto tra una persona infetta ed un suscettibile, del numero dei contatti della persona infetta e della durata della infettività. Al fine di determinare l'efficacia di interventi di controllo di un'epidemia, si definisce il numero di riproduzione netto R_t, equivalente a R_0 ma calcolato nel corso del tempo[34].

---

[34] Istituto Superiore di Sanità, pubblicazione 31 dicembre 2020.

Risulta evidente l'importanza del numero riproduttivo iniziale poiché fornisce l'informazione sintetica di quanto casi secondari vengono generati, per trasmissione interpersonale, da un caso primario in una popolazione completamente suscettibile.

Ne segue, come già ampiamente discusso, che una epidemia si instaura quando per ogni caso primario si generano più casi secondari e da ognuno di questi vengono generati altri casi, ciò accade se e solo se $R_0 > 1$.

Il valore R_0 è legato, e lo si evince anche intuitivamente, al numero di contatti per giorno del caso primario, più persone incontra, più persone infetta, alla durata della sua fase di contagiosità, più a lungo rimane contagioso, più è alto il numero delle persone che contagia, infine è direttamente proporzionale alla probabilità di trasmissione dell'infezione per ogni singolo contatto. Tutte queste quantità sono difficili da osservare direttamente e in genere ci si basa su stime.

Quando si osserva una trasmissione di contagi nella popolazione generale, il fattore iniziale di riproduzione viene stimato retrospettivamente in modo empirico, ossia osservando la velocità di crescita del numero totale dei casi giorno dopo giorno, conoscendo la data di insorgenza dei sintomi, il tempo di incubazione e l'intervallo di tempo tra la comparsa dei sintomi nel caso primario e la comparsa dei sintomi nei casi secondari, è possibile ricostruire le diverse generazioni di casi e stimare l'indice di riproduzione.

4.3 Dati e statistiche per il caso italiano

Nella metà di Dicembre del 2019 è stato identificato per la prima volta un nuovo ceppo di coronavirus nella città cine se di Wuhan. Una polmonite anomala in una città molto abitata cresce di intensità giorno per giorno. Nuovi contagi in tutto il paese, morti, ospedali al collasso. Sembra in un primo momento un caso isolato, ma un giorno di fine febbraio è l'Italia il primo paese ad accorgersi che il nuovo coronavirus fa molto più male di una normale influenza.

È il 31 gennaio quando il presidente del Consiglio, Giuseppe Conte, conferma i primi due casi di contagio riscontrati in Italia, si tratta di due turisti cinesi. Il 21 febbraio un uomo di 38 anni residente a Codogno risulta positivo al coronavirus, è il paziente numero 1. Nel giro di poche ore vengono registrate le positività di altre 14 persone. Nello stesso giorno si registra la prima vittima italiana per covid-19, è un uomo di 78 anni residente a Vò Euganeo in provincia di

Padova. Il 23 febbraio scatta la "zona rossa" in 11 comuni tra la Lombardia ed il Veneto. Viene istituito il divieto di accesso o allontanamento dal territorio comunale e la sospensione di tutte le manifestazioni, eventi e ogni forma di riunione in luogo pubblico o privato. È sempre il 23 febbraio il giorno in cui comincia il rituale quotidiano del capo della Protezione Civile, Angelo Borrelli, che ogni sera alle 18 attirerà l'attenzione degli italiani per seguire il cosiddetto "bollettino" con i numeri dei nuovo contagi. La situazione precipita i casi aumentano e i decessi anche. Il 4 marzo si registrano 3.089 casi totali e 107 decessi, l'Italia annuncia la sospensione delle attività scolastiche in tutto il paese. Il 7 marzo la Lombardia diventa "zona rossa", casi sono in forte crescita e si registrano 5883 casi totali e 233 decessi.

Il 9 marzo il governo estende le misure di contenimento a tutta l'Italia, l'intero paese è ora in lockdown, primo tra gli stati occidentali ad adottare misure così restrittive, quando si contano 9.172 casi totali e 463 decessi. Il 16 marzo viene pubblicato uno studio della Columbia University di New York che sottolinea il ruolo degli asintomatici nella diffusione del virus e la loro ampia percentuale tra i contagiati. L'Oms fino a quel momento non lo aveva considerato un problema.

Il 18 marzo è una data che resterà nella memoria degli italiani: una colonna di mezzi militari trasporta le bare di decine di vittime del covid-19 verso i cimiteri di altre città per la cremazione. Si contano 35.713 casi totali e 2.978 deceduti.

Il 22 marzo le misure del Governo italiano si fanno ancora più stringenti al fine di contrastare la pandemia, vengono sospese tutte le attività produttive e viene vietato ai cittadini di spostarsi in un comune diverso da quello della propria residenza. Nella stessa data si contano 59.138 casi totali e 5.476 decessi.

Il 27 marzo l'Italia registra 86.000 superando il numero totale comunicato dalle autorità cinesi. Nello stesso giorno i morti sono 969, il più alto numero dall'inizio della pandemia. Da questo stesso giorno inizierà una lenta discesa. Quello del 27 marzo resterà un drammatico record.

Il 5 aprile per la prima volta in Italia si registra un calo del numero dei pazienti ricoverati in terapia intensiva, si registrano 3.994 ricoverati, 128.948 casi totali e 15.887 decessi dall'inizio della pandemia.

L'8 aprile dopo 76 giorni termina il lockdown a Whuan, epicentro della pandemia, in Italia il capo della Protezione Civile annuncia che le conferenze stampa delle 18 si terranno solo più il lunedì ed il giovedì. È il primo passo di un graduale ritorno alla normalità.

Il 20 aprile per la prima volta dall'inizio della pandemia, l'Italia registra una diminuzione nel numero dei positivi, 20 in meno del giorno precedente, quando i casi totali sono 181.228 e i decessi 24.114. Il giorno 29 aprile, mentre il America viene registrato il numero impressionante di un milione di casi, in Italia i casi totali sono 203.591 e i decessi 27.682.

Il 4 maggio in Italia prende il via la *"fase due"*, caratterizzata dal ritorno al lavoro di alcune categorie di occupati e dalla possibilità di incontrare i congiunti, quattordici giorni dopo, il 18 maggio, il Paese comincia la fare che di fatto segna la fine del lockdown iniziato a marzo. Bar e ristoranti riaprono, è possibile incontrare persone al di fuori del proprio nucleo familiare e per spostarsi all'interno della propria provincia non è più necessaria l'autocertificazione, mentre rimangono obbligatorie mascherine e distanziamento sociale.

Il 31 maggio il direttore della terapia intensiva del san Raffaele di Milano, Alberto Zangrillo afferma che *"il coronavirus dal punto di vista clinico non esiste più"*, si fa così portavoce di una teoria condivisa da alcuni scienziati italiani, secondo cui il virus si è ormai indebolito mentre si aggiornano a 233.019 i casi totali e 33.415 i decessi.

Il 23 giugno si registrano "soli"133 nuovi positivi, è il giorno in cui l'Italia registra il minor numero di nuovi positivi in 24 ore da quando è esplosa la pandemia. Da quel giorno le cifre sono tornate a crescere lentamente.

Il 3 luglio scoppia un nuovo focolaio in Veneto, un imprenditore vicentino, di ritorno da un viaggio in Bosnia e Serbia, diventa un diffusore partecipando a feste private e un funerale. L'uomo sarà ricoverato in gravi condizioni dopo qualche giorno.

Il 29 luglio è il girono migliore da quando è esplosa l'emergenza: i ricoverati in terapia intensiva sono solo 38, esattamente un mese dopo, il 29 agosto, con un solo morto è il miglior giorno per l'Italia dal punto di vista dei deceduti.

Il 14 settembre in Italia riaprono le scuole.

Il 24 settembre la pandemia torna prepotente in alcuni paesi europei, soprattutto la Francia che supera i 10.000 contagi in un solo giorno.

Il 19 ottobre in Italia scoppia la seconda ondata. Dopo un periodo di contagi sotto controllo, questi aumentano lasciando presagire la necessità di nuove misure di contenimento. Il giorno peggiore è il 31 ottobre con 31.756 positivi.

Il mese di Novembre è il mese della speranza. Arrivano a distanza di pochi giorni l'uno dall'altro, due

annunci molto importanti sul fronte del vaccino. Il vaccino
contro il coronavirus messo a punto dall'azienda farmaceutica
americana Pfizer e dalla tedesca BioNtech è efficace al 90%.
Si tratta di un dato sopra le attese, che arriva a conclusione
delle sperimentazioni sugli uomini.

Il 13 novembre, con 40.902 positivi, è il giorno del
picco massimo per l'Italia. La seconda ondata ha
letteralmente investito il Paese. Gli ospedali sono sotto stress
e in molte regioni la soglia critica dei posti occupati in terapia
intensiva è già superata.

Dopo quello di Pfizer, arriva l'annuncio di un altro
vaccino anti-Covid. È il 16 novembre e l'azienda
biotecnologica Moderna rende noti i dati della
sperimentazione sull'uomo dal quale risulta una efficacia che
sfiora il 95%.

L'8 dicembre è il giorno della prima somministrazione
di vaccino contro il coronavirus. Una data storica. La prima
dose iniettata in una casa di riposo in Inghilterra ad una
cittadina novantenne. Il 21 dicembre l'Agenzia europea per i
medicinali approva la somministrazione del vaccino Pfizer-
BioNtech all'interno dei paesi europei. Le prime dose
verranno iniettate a partire dal 27 dicembre, allo Spallanzani
di Roma. La prima vaccinata italiana è un'infermiera di 29
anni, Claudia Alivernini. Negli stessi giorni l'esplosione di

nuove varianti del virus spaventano, proprio mentre il mondo guarda con speranza ai vaccini.

Il 19 febbraio 2021 la Germania estende nuovamente il lockdown, le scuole rimangono chiuse, preoccupa una nuova variante detta *"variante inglese"*.

Il 26 febbraio in Italia esplode la terza ondata, la lunga fase di stallo, che andava avanti dalla metà del Dicembre 2020, è finita. Crescono i contagi e i ricoveri, la presenza di nuove varianti preoccupa, con una ordinanza vengono emanate misure restrittive, in molte regioni italiane richiudono le scuole, oltre 6 milioni di studenti tornano alla didattica a distanza.

L'11 marzo l'agenzia europea del farmaco approva l'utilizzo di un nuovo vaccino anticovid, è il quarto vaccino raccomandato dopo Pfizer. Moderna e Astrazeneca, si tratta del accino della Johnson& Johnson. Nello stesso giorno, in Italia, si contano 3.149.017 casi totali e 101.184 decessi in poco più di un anno dall'inizio della pandemia.

Verso al fine di aprile in Italia partono le riaperture, tornano in classe tutti gli studenti, i ristoranti riaprono, anche se solo all'aperto, Pfizer e BioNtech presentano all'Agenzia del farmaco la richiesta di via libera alla vaccinazione negli adolescenti dai 12 ai 15 anni di età, una prova di forza sulla campagna vaccinale. Il 10 giugno sarà il giorno record per la campagna vaccinale in Italia: le dosi somministrate nelle 24 ore sono 631.817.

Il primo luglio 2021 è un'altra data storica, mentre le campagne vaccinali corrono in tutta Europa, arriva il Green Pass, un certificato che rende più semplice viaggiare in tutti i Paesi dell'Unione europea e che successivamente sarà necessario per accedere ai luoghi pubblici, viene rilasciato a tutti coloro che sono stati vaccinati contro il Covid o hanno ottenuto un risultato negativo al test antigenico o ancora sono guariti dopo aver contratto la malattia. Tale disposizione viene perfezionata il 23 luglio con l'introduzione dell'obbligatorietà, a partire dal 6 agosto, del Green Pass. È richiesto per accedere a eventi sportivi e culturali e per accedere a tutti i luoghi pubblici al chiuso.

I primi giorni di settembre l'Europa annuncia di aver raggiunto il 70% della popolazione adulta vaccinata.

Dal 15 ottobre 2021 la campagna vaccinale si fa ancora più stringente e il Green Pass diventa obbligatorio per tutti i dipendenti pubblici e privati. L'obbligo scatta in tutti i luoghi di lavoro[35].

È intuivo pensare che con l'avvio della vaccinazione di massa la situazione epidemiologica, con pur alti e bassi

---

[35] Valerio Bassan, Laura Cattaneo, Luca Salvioli : "Cose che noi umani, storia del coronavirus",
 Lab24, 25 novembre 2021.

periodici, abbia registrati miglioramento sia dal punto di vista del numero di nuovi infetti sia dal punto di vista del decorso della malattia in caso di infezione. Al fine di analizzare la storia epidemiologica della malattia da SARS-CoV-2 *"senza vaccinazione"*, i dati devono essere rilevati a posteriori nel primo anno dallo scoppio della pandemia. Questi, infatti, rappresentano i dati epidemiologici della malattia durante il periodo in cui le uniche misure di contenimento possibili e adottate sono state quelle del distanziamento sociale, dell'isolamento e della protezione personale a mezzo di mascherine e soluzioni disinfettanti.

Volendo rappresentare graficamente gli stessi dati, si ottiene la rappresentazione dell'andamento dei contagi in una popolazione inizialmente tutta suscettibile, essendo il virus *"nuovo"*, in cui i rimossi sono guariti o deceduti.

Dallo stesso grafico è possibile ottenere informazioni circa l'incidenza, nel numero dei nuovi infetti, di misure austere di contenimento, quali il lockdown, la chiusura delle attività produttive e la chiusura totale delle scuole di ogni ordine e grado.

Per tale costruzione grafica vengono rilevati i dati, a scadenza settimanale, circa il numero dei *"casi totali di infezione"* e dei *"deceduti totali"*.

I valori numerici relativi ai due, *gruppi casi totali* e *deceduti,* sono relativi al periodo che va dal giorno 21 febbraio 2020, data del primo contagio italiano, al giorno 27 dicembre 2021, data a partire dalla quale si è avviata, in Italia, la campagna vaccinale.

In Italia nelle prime settimane del 2020 si era parlato spesso di "chiusure" riferite alle limitazioni molto rigide imposte nella città di Wuhan, dove si era verificata la prima epidemia da coronavirus.

Nei mesi seguenti la parola lockdown era diventata sempre più ricorrente sulla stampa estera in lingua inglese: era la principale fonte per le notizie sulle attività di contenimento della pandemia in varie aree del mondo.

Il termine è diventato infine molto diffuso anche in Italia in concomitanza con l'introduzione delle misure di confinamento tra marzo e inizio maggio 2020.

Figura 23. Grafico relativo all'andamento della pandemia da SARS-CoV-2 in Italia dal 21 febbraio 2020 al 27 dicembre 2020, per numero totale di casi infetti e numero totale di decessi.

4.3.1 Impatto della vaccinazione anti Covid-19

La vaccinazione è uno dei metodi più efficaci per ridurre la diffusione delle malattie infettive. La campagna vaccinale contro il Covi-19 in Italia ha permesso di evitare circa 8 milioni di casi, oltre 500.000 ospedalizzazioni, oltre 55.000 ricoveri in terapia intensiva e circa 150.000 decessi.

La stima, che si riferisce al periodo tra il 27 dicembre, data di inizio della campagna vaccinale, e il 31 gennaio 2022, è riportata nel rapporto "infezioni da SARS-CoV-2" pubblicato dall'Istituto di Superiore di Sanità.

Il calcolo viene fatto con la metodologia, sviluppata per i vaccini antinfluenzali, che utilizza i dati della Sorveglianza Integrata e dell'anagrafe nazionale vaccini del ministero della Salute.

Questo tipo di approccio si basa sull'idea che l'impatto delle vaccinazioni può essere stimato combinando l'efficacia vaccinale verso l'evento di interesse, la copertura vaccinale settimanale e il numero settimanale di eventi osservati.

Si tratta di una stima solo diretta, in quanto non considera il possibile impatto positivo della vaccinazione sulla popolazione non vaccinata, le infezioni tra i non vaccinati possono contenere la trasmissibilità complessiva osservata in Italia.

Come altri paesi europei l'Italia ha lanciato la sua campagna di vaccinazione COVID-19 il 27 dicembre 2020. Quattro vaccini sono al momento approvati e autorizzati, si tratta di vaccini a mRNA e vaccini a vettore virale.

Per tutti i vaccini gli studi hanno dimostrato un'elevata efficacia nel ridurre i tassi di morbilità e mortalità dalla diagnosi. Attualmente studi osservazionali sono concentrati sul tentativo di affrontare le sfide che restano sul potenziale, e dimostrato, declino dell'immunità protettiva indotta dal vaccino (sono numerosi i casi di reinfezione) ed una possibile diminuzione dell'efficacia contro le varianti virali.

I dati pubblicati dall'Istituto Superiore di Sanità il 15 agosto 2021 consentono un'analisi dei tassi di incidenza di infezione, tasso di ricovero in terapia intensiva e tasso di decesso, relativi a soggetti, divisi per classi di età, successivamente alla prima e alla seconda somministrazione di vaccino.

Dagli stessi dati emerge e si conferma la riduzione dei tassi di incidenza per la diagnosi di COVID-19 e per gli altri esiti analizzati, i risultati suggeriscono che in Italia la vaccinazione con due dosi dei vaccini a mRNA ha ridotto considerevolmente il rischio di diagnosi e di successivo ricovero e decesso, in particolare si è dimostrato che nella popolazione complessiva il rischio di diagnosi diminuisce rapidamente a partire dal 14 giorni dopo la somministrazione, tempo necessario per una completa ed efficace risposta immunitaria da parte dell'organismo.

L'efficacia preventiva delle due dosi di vaccino raggiunge il valore più alto nell'intervallo di tempo 15-28 giorni successivi alla seconda dose e si mantiene costante nei mesi successivi.

L'efficacia preventiva è stimata intorno all'89% nei confronti di una diagnosi a circa sette mesi dopo la seconda somministrazione vaccinale, è stata infatti successivamente introdotta, a partire dal sesto mese una terza somministrazione ed è attualmente in fase di analisi una ulteriore quarta dose vaccinale[36].

Di seguito vengono riportati i grafici relativi ai tassi di incidenza di infezione, incidenza di ricovero e incidenza di decesso nel caso di una e due dosi di vaccino (i dati sono ufficiali e rilevati dall'Istituto Superiore di Sanità al 30 settembre 2021):

---

[36] Ministero della Salute, Istituto Superiore di Sanità, report n.4: *"Impatto della vaccinazione sul rischio di infezione da SARS-CoV-2 e successivo ricovero e decesso in Italia"*, 30 settembre 2021.

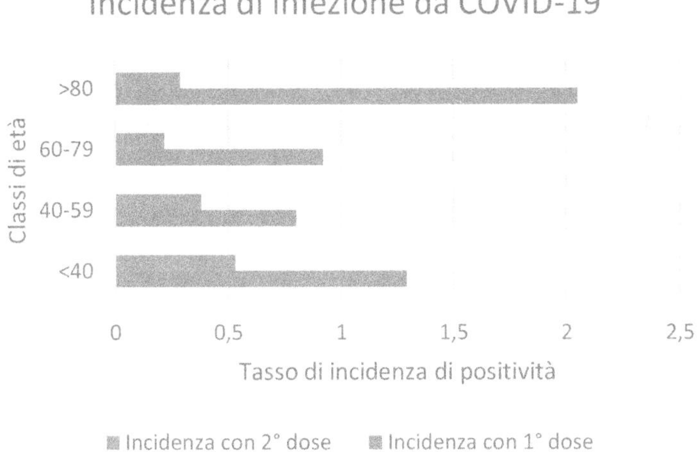

Figura 24. Tasso di incidenza, per 10.000 giorni persona, di diagnosi di COVID-19 in persone vaccinate al 15 agosto 2021.

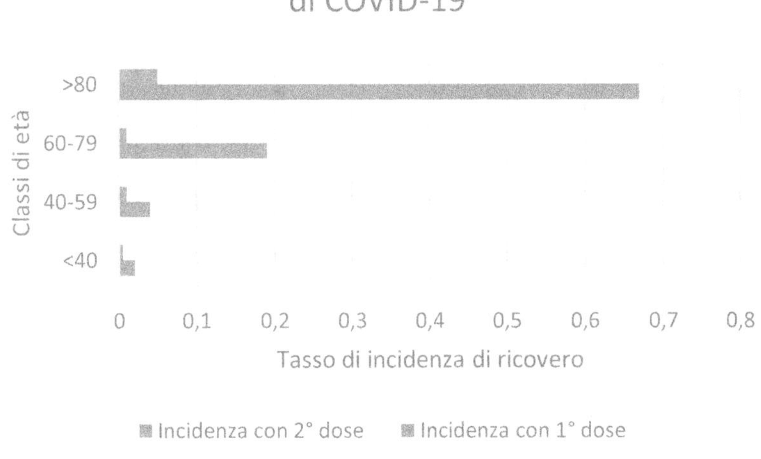

Figura 25. Tasso di incidenza, per 10.000 giorni persona, di ricoveri successivi a diagnosi in persone vaccinate al 15 agosto 2021.

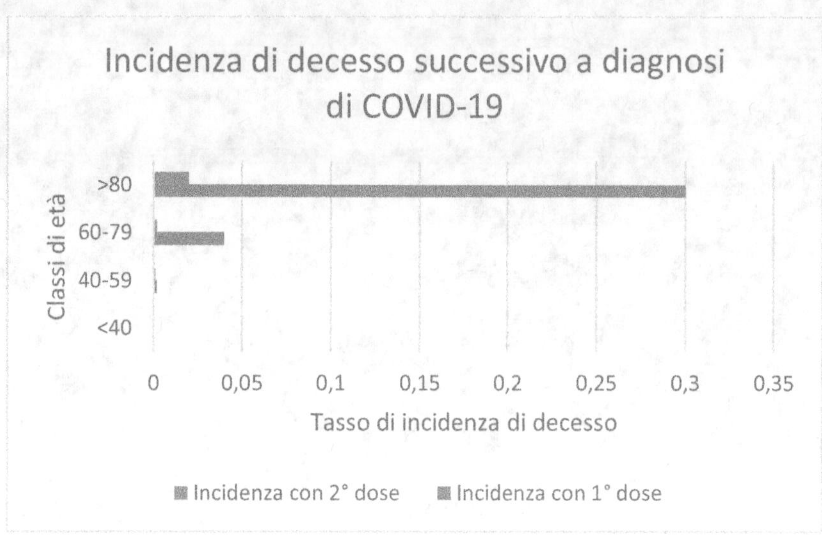

Figura 26. Tasso di incidenza, per 10.000 giorni persona, di decesso successivo a diagnosi di positività in persone vaccinate al 15 agosto 2021.

Nei primi mesi di vaccinazione rimane elevata la protezione del rischio di infezione nella popolazione generale mentre è stata rilevata una riduzione di efficacia nel tempo per immunocompromessi e fragili. L'incidenza è stata valutata confrontando l'incidenza di infezioni, sintomatiche e asintomatiche, ricoveri e decessi dopo la prima o la seconda somministrazione di vaccino, considerando come periodo di controllo i 7 mesi successivi le somministrazioni.

Le principali conclusioni successive alle indagini sono:

- Nella popolazione generale a sette mesi dalla seconda dose non si osserva una significativa riduzione di efficacia in termini di protezione dall'infezione che rimane dell'89%. Anche contro il ricovero e il decesso la protezione resta elevata, rispettivamente del 96% e 99%, a sei mesi dalla seconda dose.

- Nelle persone immunocompromesse si osserva una riduzione dell'effetto protettivo verso l'infezione a partire da 28 giorni dopo la seconda dose. Stima che presenta una elevata variabilità dovuta al ridotto numero di soggetti inclusi nel gruppo ma anche collegata alla diversità delle patologie presenti in questa categoria.

- Nelle persone con morbosità si osserva una riduzione della protezione dall'infezione, dal 75% di riduzione del rischio dopo 28 giorni dalla seconda dose al 52% dopo circa sette mesi.

- Diminuisce leggermente, pur rimanendo sopra l'80%, l'efficacia nelle persone sopra gli 80 anni.

Alla luce dei risultati della seconda somministrazione di vaccino e alla luce delle deliberazioni dell'Agenzia europea dei medicinali, l'8 ottobre 2021 l'Italia dà il via alla terza dose di vaccino per i fragili di ogni età e per gli over 60 dopo almeno sei mesi dal completamento del primo ciclo vaccinale, ossia dopo la seconda dose.

Attualmente in Italia risulta aver completato il ciclo vaccinale circa il 74,35% dell'intera popolazione, nel dettaglio con almeno una dose 49.430.995 individui, pari al 91,55% dell'intera popolazione sopra i 12 anni, risultano aver completato il ciclo vaccinale 48.688.849 persone, circa il 90,17% dell'intera popolazione con più di 12 anni, i guariti sono 1.078.383, per un totale tra vaccinati e guariti di 50.509.378 individui pari al 93,55% dell'intera popolazione. Sono invece 40.142.217 i soggetti a cui è stata somministrata la quarta dose di vaccino, corrispondono all'84,15% degli individui appartenenti al "gruppo dei fragili", ossia potenzialmente oggetto di dose vaccinale addizionale[37].

Si presenta graficamente la situazione dettagliata regione per regione, relativa al completamento del ciclo vaccinale.

---

[37] Il Sole 24 Ore *"Vaccini in tempo reale"*, Lab 24, 20 agosto 2022.

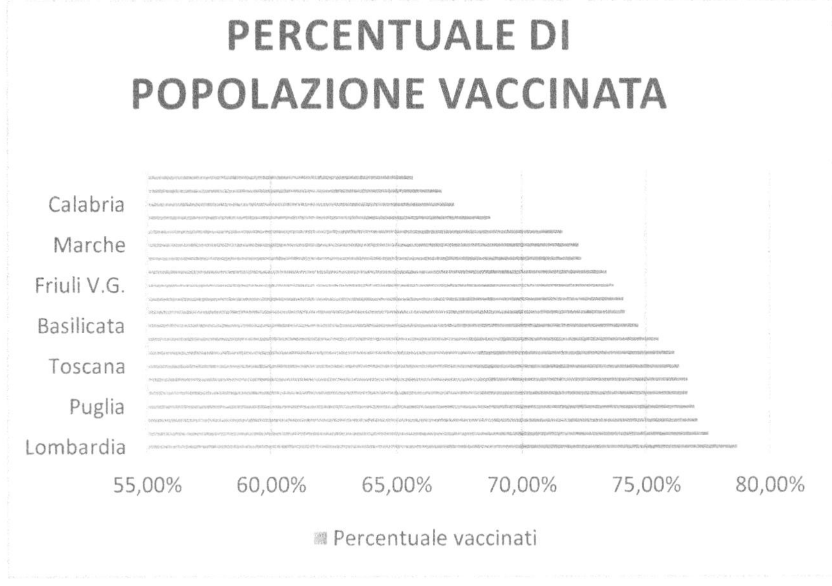

Figura 27. Percentuale di popolazione italiana vaccinata con terza dose, per regione al 20 agosto 2022.

Al fine di valutare la validità della vaccinazione, non solo nel contenere i contagi, ma anche nel limitare la gravità dei sintomi, rendere più celere il decorso della malattia e la guarigione si presentano graficamente i dati relativi alla platea dei guariti, 5.192.979 ad oggi, in relazione alla situazione vaccinale.

Si analizzano in particolare i dati italiani relativi alla guarigione dei soggetti non vaccinati, soggetti vaccinati con due dosi e soggetti vaccinati con tre dosi. Si omettono volutamente, per non rilevanza, i dati relativi alla guarigione dei soggetti vaccinati con una unica dose.

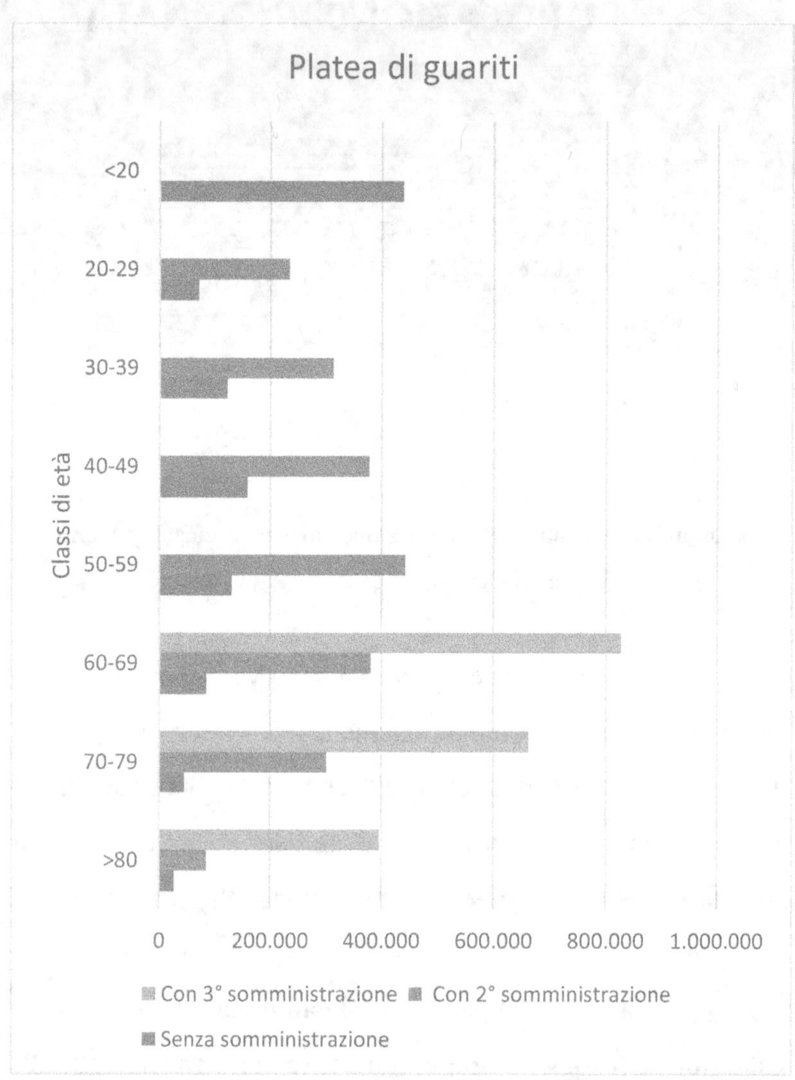

Figura 28. Numero di guariti senza somministrazione in azzurro, numero di guariti da al massimo sei mesi dalla seconda somministrazione in arancione, numero di guariti da al massimo sei mesi dalla terza somministrazione in grigio. Dati italiani al 30 agosto 2022.

I dati rilevati mostrano come l'incidenza di infezione seguita da guarigione diminuisca drasticamente nei primi sei mesi dalla somministrazione della seconda e terza dose di vaccino. Nelle classi di età inferiori ai 50 anni non si rileva nessuna nuova infezione nei primi sei mesi successivi alla terza somministrazione.

I vaccini anti.COVID-19 si sono mostrati sicuri, efficaci e salvavita. Come tutti i vaccini però non assicurano una protezione totale a tutte le persone vaccinate, in particolare si confrontino i dati relativi alle classi di età maggiori di 80 e minori di 50 anni. I vaccini possono impedire alla maggior parte delle persone di ammalarsi di COVID-19, ma non a tutte. Anche dopo aver ricevuto la terza dose e aver aspettato qualche settimana per ottenere l'immunità, c'è ancora la possibilità di essere contagiati. I vaccini non danno una protezione totale al 100%, quindi possono verificarsi *"infezioni intercorrenti"*, per cui alcune persone vengono contagiate anche se sono completamente vaccinate, tuttavia l'evidenza scientifica assicura che se ad ammalarsi sono persone vaccinate, è probabile che abbiano sintomi più leggeri ed è molto raro che una persona vaccinata sviluppi una malattia grave o muoia[38].

4.4 Analisi di un modello per il Caso italiano

Al fine di presentare un modello matematico qualitativo per la trasmissione del SARS-CoV-19 in Italia, è necessario ripercorrere in maniera sintetica le principali fasi e caratteristiche della diffusione del virus nel Paese. Il periodo analizzato è quello che va dallo scoppio della pandemia sino ai primi giorni di Maggio, il periodo più critico data la poca conoscenza della nuova malattia, l'assoluta mancanza di trattamenti, farmaci o vaccini utili a contrastarne la diffusione-

I primi casi di coronavirus in Italia riguardano due turisti cinesi che sono risultati positivi il 31 Gennaio 2020 mentre si trovavano a Roma. Successivamente, il 21 Febbraio, è stato individuato un focolaio a Codogno, nella provincia di Lodi.

---

[38] Nazioni Unite, Centro di Informazione delle Nazioni Unite *" COVID-19: Efficacia teorica, efficacia pratica e protezione del vaccino"*, pubblicazione del 30 Luglio, 2021.

Il giorno seguente è stata istituita la zona rossa, che comprendeva 11 comuni del nord Italia, e che prevedeva il lockdown e il divieto di ogni spostamento da e per i territori soggetti a restrizioni, nonché all'interno dei territori stessi, al fine di contenere l'emergenza.

A partire dal 26 Febbraio gli screening medici sono stati limitati solo ai soggetti sintomatici, differentemente da come accadeva nei primi giorni di dell'epidemia.

L'8 marzo la zona rossa viene estesa all'intera Lombardia e ad altre 14 provincie del nord Italia. La notizia trapelò in maniera non ufficiale sul web la sera precedente, rimarrà nella memoria del Paese a lungo l'immagine di studenti e lavoratori originari del sud Italia in fuga verso le loro regioni.

A causa di ciò il 9 Marzo è stato emanato un decreto che ha esteso il lockdown all'intera nazione per provare a contenere la diffusione del virus. Iniziava così la fase 1, che sarebbe dovuta inizialmente terminare il 3 Aprile, ma che è stata poi prolungata fino al 3 Maggio.

Il decreto prevedeva inizialmente la sospensione delle attività scolastiche, delle attività commerciali e dei servizi di ristorazione, nonché il divieto di assembramento di persone in luoghi pubblici e il distanziamento sociale di almeno un metro.

Gli stessi provvedimenti sono poi stati irrigiditi, ed in particolare dal 23 Marzo è stato fatto divieto di spostamenti tra comuni a meno di comprovate esigenze lavorative, assoluta urgenza o motivi di salute, inoltre sono state chiuse tutte le attività non necessarie. Le imprese le cui attività non sono state sospese, come alimentari e farmacie, erano in obbligo di rispettare i protocolli di sicurezza come l'utilizzo di mascherine e guanti. A seguito di un successivo decreto, il 4 Maggio è iniziata la fase 2, ovvero la fase della convivenza con il Covid-19.

I protocolli di sicurezza sono stati gradualmente indeboliti pur vigendo sempre l'obbligo di mascherine e di distanziamento sociale di almeno un metro[39].

Un modello matematico per studiare il caso italiano è il cosiddetto *"modello SIDARTHE"*. Il modello viene formulato quando è emersa la particolarità del virus, esso si trasmette anche in occasione di un contatto con un paziente asintomatico o con sintomi lievi.

La popolazione viene suddivisa in:

- • - Suscettibili S, non infetti,

- • - Infetti I, asintomatici e senza diagnosi,

---

[39] Università degli Studi di Napoli "Federico II", Dipartimento di Fisica, *"Modelli epidemici per la trasmissione di SARS-CoV e SARS-CoV2"*, a.A. 2019/2020.

- - Diagnosticati D, asintomatici infetti individuati,
- - Malati A, sintomatici infetti ma senza diagnosi,
- - Riconosciuti R, sintomatici infetti con diagnosi,
- - In pericolo di vita T, infetti con sintomi gravi e con diagnosi,
- - Guariti H, dopo aver contratto l'infezione,
- - Deceduti E, dopo aver contratto l'infezione e sviluppato gravi sintomi.

Il modello *SIDARTHE* non considera la possibilità di tornare suscettibili dopo la guarigione, poiché il tasso di reinfezione effettivamente rilevato, nei primi mesi dallo scoppio della pandemia, risultava essere trascurabile. Il tasso di reinfezione risulterà essere un parametro rilevante soltanto durante la seconda ondata di infezioni.

In questo modello il compartimento degli infetti è suddiviso in 4 gruppi, distinguendo i soggetti asintomatici da quelli che manifestano sintomi e quelli diagnosticati da quelli non diagnosticati. Inoltre è stato aggiunto il compartimento dei malati gravi, quelli ricoverati in terapia intensiva.

Il modello *SIDARTHE* è espresso da un sistema di 8
equazioni differenziali, ciascuna delle quali rappresenta la
variazione all'interno di una classe di individui ed è funzione
del tempo:

(4.1)

$$\begin{cases} S'(t) = -S(t)[\alpha I(t) + \beta(t) + \gamma A(t) + \delta R(t)] \\ I'(t) = S(t)[\alpha I(t) + \beta(t) + \gamma A(t) + \delta R(t)] - [\varepsilon + \zeta + \lambda]I(t) \\ D'(t) = \varepsilon I(t) - [\eta + \rho D(t)] \\ A'(t) = \zeta I(t) - [\vartheta + \mu + \acute{K}]A(t) \\ R'(t) = \eta D(t) + \vartheta A(t) - [v + \mathcal{E}]R(t) \\ T'(t) = \mu A(t) + vR(t) - [\delta + \tau]T(t) \\ H'(t) = \lambda I(t) + \delta D(t) + \acute{K}A(t) + \mathcal{E}R(t) + \delta T(t) \\ E'(t) = \tau T(t) \end{cases}$$

Dove α, β, γ e δ rappresentano rispettivamente i tassi
di trasmissione dovuto al contatto di un suscettibile con un
infetto, un diagnosticato e un riconosciuto.

Tipicamente $\alpha > \beta > \gamma > \delta$, se si assume che gli
individui con la diagnosi siano opportunamente isolati, le
persone tendono ad evitare il contatto con chi mostra i
sintomi. Questi parametri possono essere modificati a seconda
dei protocolli di sicurezza, a seconda ad esempio che venga
disposto un lockdown o un semplice distanziamento sociale.

Il rischio di contagio a causa di contatti con soggetti in pericolo di vita viene considerato trascurabile, essendo questi generalmente isolati per le terapia a cui vengono sottoposti.

I parametri ε e ϑ rappresentano il tasso di probabilità di diagnosticare la malattia rispettivamente a individui asintomatici e sintomatici. Si ha $\vartheta > \varepsilon$ poiché è più probabile che un individuo, che non presenta sintomi, non si sottoponga a test diagnostici. Questi parametri possono essere modificati a seconda del numero di test che vengono effettuati nella popolazione.

I parametri ζ e η rappresentano il tasso di sviluppare sintomi rispettivamente in individui consapevoli e non consapevoli di essere infetti.

I parametri μ e $\vee$ rappresentano rispettivamente il tasso con cui si sviluppano sintomi gravi in individui senza e con diagnosi.

I parametri λ, $\acute{K}$, $\mathcal{E}$, ρ e δ rappresentano il tasso di guarigione rispettivamente per individui infetti, diagnosticati, malati, riconosciuti e con sintomi gravi.

Occorre sottolineare che il modello non tiene in considerazione la ridotta disponibilità di risorse mediche dovute al fatto che il sistema sanitario possa raggiungere e superare la propria capacità. Le risorse mediche vengono considerate costanti, tuttavia è possibile, al fine di rendere più reali i risultati, inserire nel modello matematico l'incidenza della ridotta capacità sanitaria.

Ad esempio il numero dei posti disponibili in terapia intensiva potrebbe essere inferiore al numero di pazienti con sintomi gravi, questo viene modellizzato in maniera indiretta aumentando il valore del coefficiente di mortalità.

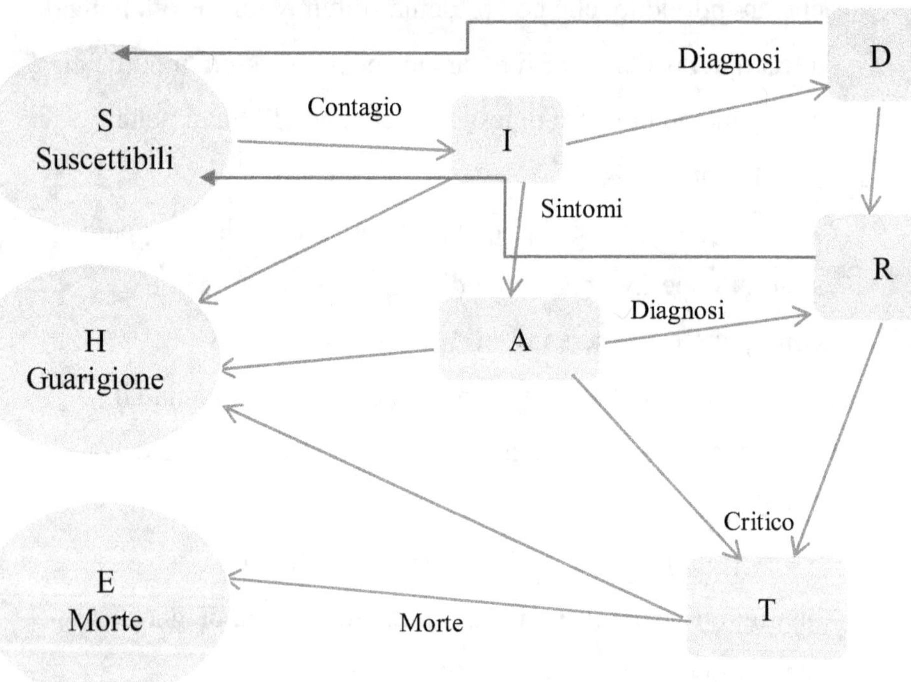

Figura 29. Diagramma di flusso del Modello *SIDARTHE* per il COVID-19, S suscettibili, I infetti, D diagnosticati, A malati, R riconosciuti, T in pericolo di morte, H guariti, E deceduti.

Il modello *SIDARTHE* è stato applicato per lo studio dell'evoluzione dell'epidemia a partire dal giorno 20 Febbraio, considerato t = 0, al giorno 5 Aprile, giorno ultimo di analisi t = 46.

I parametri del modello sono stati modificati nel tempo in modo da rappresentare l'introduzione progressiva di protocolli sempre più stringenti.

Dall'analisi del sistema di equazioni differenziali, i calcoli sono volutamente omessi, si sono ottenuti i seguenti risultati:

- - Il giorno 1, 20 Febbraio, il numero riproduttivo di base era $R_0 = 2,38$.

- - Il giorno 4, a seguito dell'introduzione del distanziamento sociale, di raccomandazioni igieniche e provvedimenti governativi, il numero riproduttivo di base era $R_0 = 1,66$.

- - A partire dal giorno 12, viene limitato lo screening solo agli individui sintomatici, portando il numero riproduttivo di base a $R_0 = 1,80$.

- - L'8 Marzo, viene introdotto un lockdown parziale, la cui efficacia è stata ridotta dalle persone che si sono spostate dal nord al sud Italia, ha portato ad avere $R_0 = 1,60$. È il giorno 22.

- Il giorno 28, quando il lockdown è stato totale, il numero riproduttivo di base si è ridotto notevolmente a $R_0 = 0,99$, al di sotto del valore 1.

- A partire dal giorno 38, giorno in cui è partita una rigida campagna di screening e test, si ha avuto un'ulteriore diminuzione a $R_0 = 0,85$.

Confrontando il modello con i dati ufficiali, si può notare che nella prima fase epidemica il numero di infetti era significativamente sottostimato. È stato inoltre possibile studiare un eventuale scenario a lungo termine sino al giorno 350. Emerge dallo studio che, in assenza di cambiamenti nei protocolli, lo 0,61% della popolazione contrarrebbe il virus, ma solo lo 0,45% sarebbe diagnosticato con la malattia. Inoltre emerge che lo 0,06% della popolazione morirebbe a causa del COVID-19. Il picco del numero di persone infettive nello stesso momento arriverebbe il giorno 56 e interesserebbe lo 0,17% della popolazione.

Il modello permette altresì di simulare scenari in cui le misure di lockdown vengono modificate a partire dal giorno 50, se le misure di lockdown venissero rese meno stringenti, si avrebbe un incremento nella diffusione della malattia, prolungamento dell'emergenza e un numero maggiore di decessi che raggiungerebbe lo 0,12%.

Indebolire le misure di contenimento, attraverso il distanziamento sociale, porterebbe ad un incremento del numero riproduttivo di base. Le simulazioni consentono di osservare che migliorare i protocolli di controllo porta ad un inferiore valore del numero riproduttivo di base, ovvero $R_0 = 0,50$.

In particolare lo studio evidenzia che il numero effettivo di casi e diagnosticati sino al giorno 350, nell'ipotesi in cui le misure di contenimento venissero irrigidite, raggiungerebbe rispettivamente lo 0,41% e lo 0,30%, infine lo 0,04% della popolazione morirebbe a causa del covid-19.

Un'altra misura di controllo riguarda il numero di test eseguiti sulla popolazione.

Il modello *SIDARTHE* permette di simulare la dinamica dell'epidemia nell'ipotesi vengano attuate, a partire dal giorno 50, una massiva campagna di test su tutta la popolazione, anche attraverso un tracciamento dei contatti tra individui suscettibili e individui infetti. Ciò che emerge dalla simulazione del modello è che il picco epidemico verrebbe raggiunto più velocemente. Inoltre, al giorno 350 lo 0,43% della popolazione contrarrebbe il virus, lom0,33% verrebbe diagnosticato, con una stima dei decessi pari al 0,05% della popolazione, mentre il valore del numero riproduttivo di base verrebbe abbassato a $R_0 = 0,59$.

Un'ulteriore simulazione ha permesso di stabilire cosa succederebbe se venissero indebolite le misure di lockdown e distanziamento sociale e migliorate solo le misure di screening su tutta la popolazione e tracciamento dei contatti. Emerge che al giorno 350 si avrebbe lo 0,52% della popolazione infetta, lo 0,41% diagnosticato e lo 0,05% morirebbe, il numero riproduttivo di base salirebbe a $R_0 = 0,77$[40].

Il modello *SIDARTHE* conferma che attuare forti misure di distanziamento sociale e lockdown è non solo efficace ma anche necessario. Evidenzia inoltre che tanto prima tali misure vengono adottate tanto più è forte l'effetto di controllo sulla diffusione della malattia.

Il modello ha inoltre confermato come, fare screening su tutta la popolazione e mantenere traccia dei contatti, sia utile al fine abbreviare i tempi di evoluzione dell'epidemia.

---

[40] Giulia Giordano, Franco Blanchini, Raffaele Bruno, Patrizio Colaneri, Alessandro Di Filippo, Angela Di Matteo, Marta Colaneri : *"Modelling the COVID-19 epidemic and implementation of population-wide interventions in Italy"*, Nature Medicine, 22 Aprile 2020.

Una possibile e più intuitiva interpretazione dei dati, ottenuti attraverso la simulazione con il modello *SIDARTHE,* è data dalla lettura della variazione del valore del numero riproduttivo di base R_0 a seconda delle misure adottate per il contenimento e per il tracciamento delle infezioni, ciò è possibile data la definizione stessa di R_0, che fornisce immediatamente l'idea della forza dell'epidemia.

4.5 Ipotesi di un modello con la classe Individui Reinfetti

I modelli discussi sino ora in questo elaborato di tesi, il modello SIR, SEIR e SIDARTHE, non considerano la classe degli individui cosiddetti reinfetti. Nella suddivisione della popolazione in coorti nessuno dei precedenti contempla la possibilità che un soggetto, dopo essere guarito da una prima infezione, possa essere reinserito nella classe dei suscettibili ed essere quindi nuovamente esposto alla malattia. Probabilmente la scelta di non inserire la classe dei reinfetti dipende dal fatto che per la maggior parte delle malattie infettive una volta contratta la malattia e da questa guariti, si sviluppa una immunità permanente. Tuttavia le notizie che giungono dagli organi scientifici indicano che *"il COVID-19 può essere preso una seconda volta, un evento raro ma possibile".*

Per questo capitolo dell'elaborato ho scelto di inserire una possibile personale integrazione al modello SEIR che contempli anche la classe degli Individui Reinfetti.

Ammalarsi di COVID-19 una seconda volta, la cosiddetta reinfezione, è possibile. Sono infatti diversi i casi documentati di seconda infezione.

Quando l'organismo viene in contatto con un agente patogeno come il coronavirus, si genera una risposta immunitaria mediata da due tipi di cellule, i linfociti B e i linfociti T. I linfociti B portano alla produzione di anticorpi che hanno la funzione di neutralizzare il patogeno, i linfociti T hanno il compito di riconosce e eliminare le cellule infettate dal virus. Esistono diversi tipi di linfociti T, alcuni di questi, dette cellule T della memoria, hanno lo specifico compito di aiutare le cellule B a produrre anticorpi. Una doppia risposta al virus che consente, in casi di un nuovo incontro con il virus, di rispondere in maniera tempestiva avendo memorizzate informazioni. Tuttavia in alcuni casi può accadere che per la risposta al virus sia sufficiente solo quella generata dai linfociti B, ovvero la sola risposta cellulare in assenza di produzione di anticorpi. Quando ciò avviene si ha assenza sia di anticorpi neutralizzanti sia di cellule T della memoria, il soggetto può essere nuovamente suscettibile alla malattia.

In totale in Italia fino al 13 aprile 2022 sono stati censiti 519.603 casi di reinfezione, pari al 4% del totale dei casi di infezione registrati. Per dare un'idea dell'incremento si consideri che sino al 28 dicembre erano statti 15.195 pari all'1,4%.

Si considera reinfezione quando, dopo una prima infezione da SARS-CoV-2 documentata, avviene una seconda infezione a distanza di almeno 90 giorni dalla prima diagnosi, oppure quando avviene una seconda infezione entro 90 giorni dalla prima ma con ceppo virale di SARS-CoV-2 diverso dal precedente.

Gli studi effettuati mostrano che oltre un terzo dei casi registrati fino a dicembre 2022, nel 35% dei casi, si tratta di persone asintomatiche al momento di entrambe le diagnosi, un altro 20% presentava sintomi molti lievi alla prima infezione e nulli alla seconda. Risulta inoltre una quota minima di reinfezioni in persone con una sintomatologia severa alla prima diagnosi e in generale lo stato clinico al momento della seconda infezione non risulta più grave rispetto alla prima.

Analizzando le reinfezioni registrate a partire da Dicembre 2022, ovvero dalla diffusione della variante

Omicron (la nuova variante Omicron ha presentato elevato tasso di contagiosità, ma sintomi più lievi), risultano un po' più esposti al rischio di una seconda infezione:

- Le persone giovani (12-49 anni);
- Le donne (forse perché presenti in ambiti scolastici e ospedalieri);
- Le persone non vaccinate o vaccinate da più di 4 mesi rispetto a quelle vaccinate da meno di 4 mesi;
- Le persone con una prima diagnosi di COVID da oltre 7 mesi[41].

Un motivo per cui c'è così tanto interesse per la questione della reinfezione è la preoccupazione che le ripetute infezioni da Covid-19 potrebbero avere un impatto cumulativo sulla salute delle persone. Gli studi suggeriscono che le reinfezioni sono meno gravi della prima, in particolare sono collegate a una probabilità inferiore del di portare al ricovero o alla morte rispetto alle prime. Sebbene i risultati degli studi siano incoraggianti rispetto la situazione sanitaria, la possibilità che avvengano reinfezioni cambia necessariamente l'approccio matematico alla formulazione di un modello che descriva il fenomeno.

---

[41] Istituto Superiore di Sanità: *"Report esteso ISS: COVID-19 sorveglianza, impatto delle infezioni ed efficacia vaccinale"*, 10 giugno 2022.

Si vuole studiare un modello matematico che prenda in considerazione la classe reinfetti "RI". La popolazione viene divisa nella classi:

- o Suscettibili S, individui che possono contrarre la malattia
- o Esposti E, individui che sono stati esposti all'infezione
- o Infettivi I, individui che hanno contratto la malattia e sono in grado di trasmetterla
- o Reinfetti Ri, individui infettivi che avevano già in precedenza contratto la malattia e sono in grado di trasmetterla
- o Guariti H, individui che dopo aver contratto la malattia e sviluppati i sintomi sono risultati negativi al virus in successivi screening
- o Estinti Ex, i deceduti.

Il modello potrebbe assumere il nome *SEIRiHEx*.

Il numero di individui in ognuna delle sei classi in cui è divisa la popolazione può cambiare nel tempo ed è rappresentata da sei funzioni del tempo:

$$S(t), \quad E(t), \quad I(t), \quad RI(t), \quad H(t), \quad E(t)$$

La popolazione totale N è data dalla somma degli individui appartenenti alle tre classi:

$$(4.5.1) \qquad N = S(t) + E(t) + I(t) + Ri(t) + H(t) + Ex(t)$$

Si introducono i parametri:

- β il tasso di trasmissione primario (tasso di incidenza ,
- η il tasso con cui un individuo diventa infettivo,
- δ il tasso con cui un individuo si reinfetta,
- α la probabilità nell'unità di tempo che un individuo guarisca
- μ il tasso di morte.

Il modello *SEIRiHEx* è descritto dal seguente sistema a sei equazioni differenziali:

$$
\begin{cases}
S'(t) = -\beta SI - \mu S \\
E'(t) = \beta SI - (\eta + \mu)E \\
I'(t) = \eta E - (\alpha + \mu)I \\
Ri'(t) = \delta E - (\alpha + \mu)Ri \\
H'(t) = \alpha I(t) + \alpha RI(t) - H(t) \\
Ex'(t) = \mu I(t) + \mu Ri(t) - Ex(t)
\end{cases} \qquad (4.5.1)
$$

Come nel caso del modello *SEIR*, nel modello *SEIRiHEx* date le condizioni iniziali S(0), E(0), I(0), Ri(0), H(0) e Ex(0) non negative, per il sistema *(4.5.1)* si ha un problema di Cauchy, è possibile studiare i punti di equilibrio ponendo le derivate uguali a 0:

$$\begin{cases} -\beta SI - \mu S = 0 \\ \beta SI - (\eta + \mu)E = 0 \\ \eta E - (\alpha + \mu)I = 0 \\ \delta E - (\alpha + \mu)Ri = 0 \\ \alpha I(t) + \alpha RI(t) - H(t) = 0 \\ \mu I(t) + \mu Ri(t) - Ex(t) = 0 \end{cases}$$

Se $I = 0$ si ottiene l'equilibrio senza malattia

$\mathcal{E}_0 = (0,0,0,0,0,0)$.

Per ottenere l'equilibrio endemico si ricava E dalla terza

equazione:

$$E = \frac{(\alpha + \mu)I}{\eta}$$

E sostituendo nella seconda equazione si ha:

$$S = \frac{(\alpha + \mu)(\eta + \mu)}{\beta \eta}$$

È possibile ricavare ora I dalla prima equazione:

$$I = \frac{\eta}{(\alpha + \mu)(\eta + \mu)} - \frac{\mu}{\beta} = \frac{\mu}{\beta}(R_0 - 1)$$

Da cui si ricava il numero riproduttivo di base:

$$R_0 = \frac{\eta \beta}{(\alpha + \mu)(\eta + \mu)}$$

Esso ha lo stesso significato epidemiologico del caso

del modello SIR e del modello SEIR e rappresenta il numero

riproduttivo di base, ossia il numero di casi secondari dovuti ad un singolo individuo infettivo in una popolazione in cui tutti gli individui sono suscettibili.

Tuttavia la differenza, rispetto ai modelli precedenti, sta nel fatto che dal modello *SEIRiHEx* gli individui escono soltanto entrando nella classe dei deceduti. Una volta contratta la malattia possono guarire e tornare nella classe dei suscettibili, oppure entrare nella classe dei rimossi in quanto deceduti. Una volta guariti, inoltre, e rientrati nella classe dei suscettibili potranno restarvi, in quanto non contrarranno più la malattia (ma non svilupperanno mai l'immunità permanente), oppure reinfettarsi, con tasso δ, e dopo aver contratto la malattia guarire, con tasso α, oppure a causa di questa morire, con tasso μ.

Una ulteriore considerazione necessaria è circa il parametro μ, il tasso di morte.

Nel modello *SEIRiHEx* viene utilizzato lo stesso tasso di morte sia nel caso si tratti della classe infetti sia si tratti della classe reinfetti.

Le evidenze scientifiche sembrano dimostrare che nel caso di reinfezioni la possibilità che si giunga a gravi condizione di salute seguite dalla morte sia nettamente inferiore al caso di prime infezioni.

Essendo però il caso di reinfezioni ancora oggetto di studi e indagini (il virus circola ancora e la malattia colpisce ancora nel momento in cui si scrive), si è scelto di utilizzare uno stesso tasso per le classi infetti I e reinfetti Ri.

Per definizione, i modelli sono delle semplificazioni di fenomeni molto complessi ma possono aiutare enormemente la nostra comprensione dei meccanismi di fenomeni. Anche la diffusione delle epidemie all'interno di una popolazione è un fenomeno che può essere oggetto di modellazione. Abbiamo utilizzato un modello matematico per caratterizzare i tempi chiave della progressione di una malattia, la durata del periodo di incubazione (il tempo che intercorre tra l'infezione e la comparsa dei sintomi) e il periodo di infezione (il periodo di tempo nel quale un infetto può trasmettere l'infezione), è stato possibile stimare la velocità di diffusione di un nuovo virus, il cosiddetto numero di riproduzione, la sua severità, ossia la probabilità di ospedalizzazione o di morte dovuta all'infezione, e rispondere a molte altre domande del mondo reale per capire e gestire la trasmissione di virus e altri patogeni in situazioni endemiche o di emergenza, come quella che il mondo ha vissuto a causa del SARS-CoV-2.

Oltre a comprendere meglio i meccanismi di trasmissione e i dati osservati, i modelli matematici permettono anche di fare proiezioni ed esplorare scenari futuri. In altre parole, i modelli ci permettono di simulare l'impatto che diversi tipi di intervento e misure, come strategie di vaccinazione, chiusura delle scuole o distanziamento sociale, possono avere sulla diffusione di un'epidemia senza che questi scenari vengano testati nella popolazione reale.

Questo esercizio è utile perché permette di ottimizzare politiche di sanità pubblica e fornisce evidenza scientifica basata sui dati ai decisori politici.

BIBLIOGRAFIA

R.Anderson and R. May: *"Infectious Diseases of Humans: Dinamic and Controls"*, Oxford University Press, Oxfors, 1992.

Anna Meldolesi, "L'umanità convive da sempre con le epidemie. Ecco come proteggersi", *Corriere della sera,* 13 marzo, 2020.

Cipolla C.M. 2Contro un nemico invisibile: epidemie e strutture sanitarie nell'Italia del Rinascimento". Il Mulino, 1985.

Miettinen O. "Internetional Advanced Course in Epidemiologic Methods". Helsinki, 24, aprile 1981.

K.Dietz and J.Hesterbeek "Daniel Beornulli's epidemiologic model revisited", Mathematical Biosciences, 21 gennaio 2002.

Nicolas Bacaer "Histoires de mathematiques et de population". Cassini, Parigi,2021.

Ezio Bottarelli *"Epidemiologia: qualche definizione"*, Quaderno di Epidemiologia, 26 Ottobre 2020.

L. Bisanti, M. Moro, S. Salmaso, F. Taroni, P. Comba, R. Pirastu *"Introduzione ai principi dell'epidemiologia"*, Istituto Superiore di Sanità, Roma, 1987.

G. Campagnano "La Peste di Giustiniano", 13 novembre, 2010.

S. Wiggins, "Introduction to applied nonlinear Dynamical system and chaos". Spring Scienze & Business Media. 2003.

Fabio Zampieri, Università degli Studi di Padova, pubblicazioni "Spazio Salute". 17 marzo, 2020.

Istituto Superiore di Sanità: *"Report esteso ISS: COVID-19 sorveglianza, impatto delle infezioni ed efficacia vaccinale"*, 10 giugno 2022.

Università degli Studi di Napoli "Federico II", Dipartimento di Fisica, *"Modelli epidemici per la trasmissione di SARS-CoV e SARS-CoV2"*, a.A. 2019/2020.

M. Martcheva " An introduction to mathematical epidemiology", New york, Springer, 2015.

Gababnelli,Milena e Fabio Savelli *"Dalla peste al coronavirus, come le pandemie hanno cambiato la storia dell'uomo"*, Corriere della Sera, 24 marzo, 2020.

SITOGRAFIA

http://www.diag.uniroma1.it/~oriolo/fda/matdid/Stab.pdf.

http://www.dii.unimo.it/~zanasi/didattica/Teoria_dei_Sistemi/
Luc_TDS_2006_Analisi_della_stabilita.pdf.

https://www.puntosicuro.it/coronavirus-covid19-C-131/le-
nuove-conoscenze-sul-covid-19-come-avviene-il-contagio-
del-virus-AR-21365.

https://www.quadernodiepidemiologia.it/epi/defin/defin.htm.

https://www.fondazioneveronesi.it/magazine/articoli/cardiolo
gia/covid-19-cosa-sappiamo-sulle-reinfezioni.

https://www.epicentro.iss.it//infettive/.

https://www.ilpost.it/2021/11/16/significato-lockdown-
pandemia-coronavirus

https://amslaurea.unibo.it/5890/1/Tesi.pdf.

https://www.nbst.it/972-anticorpi-neutralizzanti-immunita-rischio-di-reinfezione-quanto-dura-protezione-covid.html.

https://www.fondazioneveronesi.it/magazine/articoli/da-non-perdere/covid-19-quante-sono-le-reinfezioni.

https://elenavuk.unibs.it/Materiale_corso_MR/Lezioni_MR_2019:2020/21.Stabilit%C3%A0%20e%20piccole%20oscillazioni.pdf

Monica
Francesca Ghirardo
Epidemie, un approccio matematico

IL mio libro
Editore
Dicembre 2022

www.ingramcontent.com/pod-product-compliance
Lightning Source LLC
Chambersburg PA
CBHW071219260726
48653CB00042B/1400